Anonymous

Das Armenwesen in der Stadt Straßburg

Anonymous

Das Armenwesen in der Stadt Straßburg

ISBN/EAN: 9783744623070

Hergestellt in Europa, USA, Kanada, Australien, Japan

Cover: Foto ©Suzi / pixelio.de

Weitere Bücher finden Sie auf **www.hansebooks.com**

Das Armenwesen

in der

Stadt Straßburg

Das Armenwesen

in der

Stadt Straßburg

Straßburg

Buchdruckerei von G. Fischbach

1888

Das Armenwesen

in der

Stadt Straßburg

—◇◇◇—

Seit längerer Zeit bildet die Lage der Armenverwaltung der Stadt Straßburg, theils zwischen den Behörden, theils in der Bürgerschaft, den Gegenstand der Erörterung.

Die jüngsten Verhandlungen hierüber innerhalb des Gemeinderaths, so dürftiges auch darüber in die Oeffentlichkeit gedrungen, weckten von Neuem das Interesse. Man konnte sich aber des Eindrucks nicht erwehren, wie wenig die Einzelnen — die zum Handeln Berufenen nicht ausgeschlossen — mit den einschlägigen Verhältnissen vertraut waren. Und doch handelt es sich um wichtige Entscheidungen, ob nämlich die fortgesetzten Klagen des Armenraths über die völlige Unzulänglichkeit der für die Zwecke der Armenverwaltung verfügbaren Mittel begründet seien oder nicht, und ersteren Falls, auf welchem Wege und in welchem Umfange die zur Hülfe gerufene Stadtgemeinde den Mangel abstellen solle. Unter diesen Umständen dürfte der Versuch einer Darstellung der Bedingungen, unter welchen die Armenbehörden (Armen- und Hospizien-Verwaltung) arbeiten, nicht unwillkommen sein. Beginnend bei den Wurzeln für deren

Thätigkeit in der Gesetzgebung und der auf letzterer aufgebauten Organisation der Armenbehörden wird sich die Betrachtung den hieraus erwachsenen Zuständen, namentlich auch der Feststellung der verfügbaren und der verwendeten Mittel zuwenden, um mit einem Blick auf die Gesammtergebnisse der Fürsorge für die Armen unter Vergleich mit den Zuständen an anderen Orten abzuschließen.

Das für die nachfolgende Arbeit erforderliche umfassende Material ist allerseits mit der liebenswürdigsten Bereitwilligkeit zur Verfügung gestellt worden. Demungeachtet boten sich große Schwierigkeiten, sowohl bei Schilderung der Verhältnisse in der Stadt Straßburg während einer längeren Zeitperiode, wie bei einem Vergleich dieser Verhältnisse mit denjenigen in anderen Städten, da die Nachrichten und selbst die rechnerischen Ergebnisse je nach den herrschenden Anschauungen und Bedürfnissen unter häufig abweichenden Gesichtspunkten aufgestellt worden sind.

So muß denn der Versuch, die ziffermäßigen Ergebnisse möglichst auf gleichwerthige Vergleiche und Schlüsse ermöglichende Grundlagen zu stellen, mit Nachsicht aufgenommen werden.

Von den wenigen Einrichtungen, welche die alte Reichsstadt Straßburg aus einer großen Vergangenheit in die Gegenwart hineingerettet hat, stehen heute noch in vollem Leben, reichen Segen spendend, die alten Stiftungen zur Linderung von Armuth und Elend: das Spital und die Armenanstalt St. Marx. In diesen Anstalten, deren Vermögen auf mehr denn 20 Millionen geschätzt wird, sind eine lange Reihe von Stiftungen vereinigt, welche fromme Seelen einst in der Liebe zu Gott und zu ihrer Vaterstadt für leidende Mitbürger gemacht hatten.

Wie wild auch die Stürme der Revolution von 1789 an dem in grauer Vorzeit wurzelnden Baum rütteln mochten, er steht heute noch und zeigt Kraft genug, um unter pflegender Hand neue Zweige zu treiben. Eine weiterreichende Fürsorge für die Armuth in Gestalt

von Kranken, gebrechlichen Greisen und Waisenkindern, wie Straß=
burg sie bietet, werden wenige Städte aufweisen können.

Das Spital und die Anstalt St. Marx oder, um im
Sinne der heutigen Gesetzgebung zu reden, die Armenverwaltung
(Wohlthätigkeitsbüreau, Bureau de bienfaisance), stehen unter
getrennten, selbständigen Verwaltungen, deren geborener Vorsitzender
der jedesmalige Bürgermeister ist. Die Mitglieder derselben werden
vom Bezirks=Präsidenten ernannt. Auf die Armenverwaltung ist
kürzlich in besonderer Weise unsere Aufmerksamkeit gelenkt worden
durch Verhandlungen in der Gemeindevertretung. Während der
Armenverwaltungsrath noch in seinem Rechenschaftsberichte für 1881
glaubte, alle Gutgesinnte auffordern zu sollen, „den Bettlern
entschlossen, jede Gabe zu verweigern", muß er in dem Berichte
für 1885/86 die Thatsache mittheilen, daß „bei den unzureichenden
Mitteln die Unterstützungen, welche verabreicht werden können, in
den meisten Fällen der Lage der Bittsteller nicht mehr entsprechen".
Es wird an die Weisheit der zuständigen Behörde appellirt, um
Abhülfe zu schaffen, und anheimgegeben, diese auf dem Wege der
Erhebung besonderer Zusatzpfennige für Armenzwecke zu
suchen. Der Darlegung in dem Jahresbericht für 1885/86 folgten
sodann rasch hintereinander, unter dem 13. Dezember 1886 und dem
22. April 1887, zwei formelle Anträge des Armenrathes an die
Stadt, die Ersterem in der Zeit vom Februar 1886 bis Januar
1887 Seitens der Stadt geleisteten Vorschüsse im Gesammtbetrage
von 35000 M. definitiv zu übernehmen, ferner aber alljährlich
eine feste Unterstützung von etwa 40000 M., sei es durch Erhebung
von besonderen Zusatzpfennigen, sei es mittelst anderer Deckungs=
mittel, zu bewilligen. Diese Anträge, sowie deren Begründung
lassen keinen Zweifel darüber, daß die Armenverwaltung sich in
einer sehr kritischen Lage befindet, indem dieselbe ihre Unfähigkeit
ausspricht zur Erfüllung der Aufgaben, welche sie sich gestellt glaubt,
es müßte denn eine durchgreifende Aufbesserung ihrer finanziellen
Hülfskräfte eintreten.

Den aufmerksamen Beobachter kann eine derartige Erklärung der Armenverwaltung nicht überraschen. Die Anforderungen an letztere sind ganz natürlich mit dem Steigen der Bevölkerung alljährlich gewachsen, während die Einnahmen während der letzten Jahre mit geringen Schwankungen ebenso regelmäßig zurückgingen und zwar sowohl die stehenden Einnahmen aus dem Grund- und Kapitalvermögen wie die außerordentlichen. Die Armenverwaltung hat eine volle Einsicht in diese bedrohlichen Zustände gehabt. Seit mehreren Jahren hat sie immer wieder der Stadtverwaltung gegenüber laute Klage geführt und immer dringender darum gebeten, nicht blos das jeweilige Defizit zu übernehmen, sondern durch regelmäßige Ueberweisung städtischer Zuschüsse in dauernder Weise der Unzulänglichkeit der Mittel abzuhelfen. Von 1872 ab hatte die Armenverwaltung fast alljährlich mit Defizits zu kämpfen, was sich in dem allmäligen Zurücksinken des Betriebsfonds (fonds de roulement), der 1871 noch 41 776 M. betrug, auf 712 M. Ende März 1881 kennzeichnete. Obschon dazwischen in dem bitterkalten Winter 1879 80 durch den reichen Ertrag von Subskriptionen innerhalb der Bevölkerung und einen städtischen Zuschuß ihren Verlegenheiten abgeholfen, auch Anfang 1882 ein Ausfall bei den Unterstützungen aus der Bezirks- Findel- und Waisenanstalt von der Stadt ausgeglichen worden war, konnte sie das durch die Folgen der großen Ueberschwemmungen 1882/83 entstandene Defizit nur durch den Verkauf von Werthpapieren in den Jahren 1882/83 und 1883/84 in der Höhe von 40 000 M. beseitigen, sah sich aber trotzdem schon unter dem 15. November 1883 genöthigt, bei der Stadtverwaltung die Einführung einer Armensteuer mit einem Ertrage von 15 000 M. zu beantragen. Dieser, sowie ein zweiter Antrag vom 8. Juni 1885 wurden zwar abgelehnt, dagegen das Versprechen von der Stadtverwaltung abgegeben, künftige etwaige Defizits auf die städtische Kasse zu übernehmen.

In der Vorstellung der Armenverwaltung vom 8. Juni 1885 an den Bürgermeister ist eingehend ausgeführt, wie nach Abzug der

Kosten für die Verwaltung, für Arzt und Apotheke, sowie nach Be=
streitung einiger Nebenausgaben, namentlich zur Beherbergung
Obdachloser, außer den regelmäßigen monatlichen bezw. vierteljährigen
Gaben an arbeitsunfähige Alte über 70 Jahre oder an gebrechliche
Personen im Betrag von 29 000 M., den Brodreichungen im Werth
von 46 000 M., sowie den Spenden an Brennmaterial, Kleidern und
Schuhen im Werth von 19 000 M., nur noch 8 000 M. zur Ver=
theilung von Nahrungsmitteln (meist in Gestalt von Suppenkarten)
und 14 110 M. zur Befriedigung von 3 288 Unterstützungs=
gesuchen verblieben, so daß häufig nur 4 oder 5 M. gegeben werden
könnten, während Gaben von 20 oder 30 M. dringend geboten
erschienen und selbst diese Spenden könnten nur in Aus=
sicht genommen werden mit einem Jahres=Defizit von
40 650 M.

Der Bürgermeister glaubte den obenerwähnten Anträgen der
Armenverwaltung Rechnung tragen zu sollen, um so mehr als es
ihm bedenklich erschien, an der allgemeinen Zusage der früheren
städtischen Verwaltung der Deckung etwaiger Defizits der Armen=
verwaltung, bezüglich deren Entstehung bezw. Verhütung dem
Gemeinderathe jeder Einfluß fehle, festzuhalten, es sich auch gleich=
mäßig im Interesse der Armenverwaltung wie der Stadt dringend
empfehlen müsse, den Zuschüssen Letzterer bestimmte Grenzen zu
stecken. Er führt demnach in einer dem Gemeinderath vorgelegten
Denkschrift, welche sich im Allgemeinen an die Darlegung der
Armenverwaltung anschloß, aus, wie die Letzterer nach dem Dekret
vom 9. Februar 1865 zustehende Hälfte an dem Reinertrag der
Güter des ehemaligen Almosenamtes St. Marx (die andere Hälfte
erhält das Spital) vom Jahre 1880/81 mit 63 831 bis 1885/86
auf 52 686 M. theils in Folge geringerer Pachtverträge, theils in
Folge des gesunkenen Zinsfußes zurückgegangen sei, Beträge, die
durch das für die Bäckerei gelieferte Getreide fast vollständig in An=
spruch genommen würden; wie dann ferner die 1879/80 zum ersten
Mal mit einem Ertrage von 35 575 M. unternommene Subskrip=

tion in 1880/81 auf 25665 in 1881/82 auf 18233, in 1882/83 auf 15362 und 1883/84 auf 13561 M. gefallen, von da ab aber gänzlich eingestellt sei, wie endlich die Abgabe von den Theaterbillets, welche 1877 noch 18689 M. betrug, im Jahre 1885/86 auf 13086 M. heruntergegangen sei, ohne daß andere Einnahmequellen der Armenverwaltung eine Vermehrung erfahren hätten, während auf der anderen Seite die Ansprüche an dieselbe in beständigem Steigen begriffen und z. B. die Zahl der größtentheils für den Fall dringender Noth ausgegebenen Suppenkarten zu 8 Pf. von 88700 im Jahre 1883/84, auf 101838 in 1884/85 und auf 198140 M. in 1885/86 gestiegen seien. Nachdem dann schließlich der Bürgermeister darauf hingewiesen hatte, wie die Leistungen der übrigen größeren Städte des Landes wie Mülhausen, Metz, Colmar, Hagenau und Schlettstadt, für Armenzwecke verhältnißmäßig bedeutend höher sich stellten wie diejenigen Straßburgs (nämlich in jenen etwa 1—2 M. auf den Kopf der Bevölkerung gegen 0,43 M., bezw. 136000 M. in Mülhausen gegen 46588 M. in Straßburg), beantragte derselbe, auf die Rückerstattung des Vorschusses von 35000 M. zu verzichten und zu Gunsten der Armenverwaltung 4 Zusatzpfennige (Ertrag ungefähr 38100 M.) zu erheben. — Der Bürgermeister hätte seinen Ausführungen noch hinzufügen können, daß neben diesen Defizits bedeutende Kapitalienzehrungen für laufende Ausgaben stattgefunden haben, was ganz unzulässig erscheinen muß. Nicht nur daß der 1871 vorhandene fonds de roulement im Betrage von 41776 M. verschwunden ist; es waren auch von den 1882/84 zur Herstellung eines neuen derartigen Fonds im Werthe von 10000 M. verkauften Papieren Ende 1886/87 nur mehr 1112 M. vorhanden und zwar nach Deckung eines Theils des Defizits durch die Bewilligung von 35000 M. aus der Stadtkasse und nach Einzahlung eines Zuschusses an die Armenverwaltung aus den Mitteln der Sparkasse in der Höhe von 10000 M.

Dennoch fand, wie eben erwähnt, nur der erstere Antrag des Bürgermeisters Annahme; die Erhebung von Zuschlags-

pfennigen lehnte der Gemeinderath ab, indem er der Ver=
waltung anheim stellte, zu prüfen, wie andere Mittel und Wege
zu finden seien, um der Armenverwaltung zu Hülfe zu
kommen.

Durch diesen Beschluß vom 9. März d. Js. erkennt auch
der Gemeinderath das Bedürfniß der Abhülfe an, behält
sich aber die Entscheidung über die noch zu suchenden Mittel und
Wege der Abhülfe vor, leider ohne eine mehr denn negative Andeu=
tung zu machen, nach welcher Richtung er solche finden zu können
glaubt. Bei dieser abweisenden Haltung ist der Gemeinderath bisher
stehen geblieben, indem derselbe in seiner Sitzung vom 29. Juni d.
Js. es vorläufig ablehnte, das Defizit in dem Budget der Armen=
verwaltung für 1887/88 mit 31 446,60 M. zu übernehmen,
dagegen event. eine mäßige Unterstützung in Aussicht stellte. Die
städtische Verwaltung wird sich demungeachtet nicht lange einer Ent=
schließung entziehen können, welche allein das nöthige Fundament
für die Auffassung der Aufgaben der Armenverwaltung und für die
Möglichkeit deren Lösung zu geben im Stande, zugleich aber für die
städtischen Finanzen und damit für die Bevölkerung von einschnei=
dendem Interesse sind. Bei dieser Sachlage dürfte es angezeigt sein,
eingehender zu untersuchen:

I. welche Pflichten die Gesetzgebung den Gemeinden bezw.
sonstigen Körperschaften rücksichtlich der öffentlichen Fürsorge für
Unterstützungsbedürftige auferlegt,

II. in welchem Umfange und in welcher Art in Straßburg
diesen Pflichten entsprochen wird.

I.

Die Grundlage für die Stellung der Gemeinden zu der öffent-
lichen Armenpflege ist durch die Gesetze vom 24. Vendémiaire II
Tit. 5 und vom 7. Frimaire V gegeben. Nach Artikel 1 des ersteren
Gesetzes kann der Hülfsbedürftige Anspruch auf Unterstützung an
dem Orte erheben, an welchem er den Unterstützungswohnsitz hat.
Dieser wird durch einjährigen, bei Dienstboten durch zweijährigen
Aufenthalt in einer Gemeinde erworben. Voraussetzung für den
Erwerb des Unterstützungswohnsitzes durch ein- oder zweijährigen
Aufenthalt ist aber die Eigenschaft als Landesangehöriger, da
das Reichsgesetz vom 6. Juni 1870 über den Unterstützungswohnsitz in Elsaß-Lothringen nicht eingeführt ist. Angehörigen
anderer deutschen Staaten, welche sich in Straßburg nieder-
gelassen haben, ohne naturalisirt worden zu sein, kann daher,
wenn die Nothwendigkeit einer öffentlichen Unterstützung wegen
dauernder Arbeitsunfähigkeit eingetreten ist, die Fortsetzung des
Aufenthalts versagt werden (§ 5 des Gesetzes über die Freizügigkeit
vom 1. November 1867 bezw. 8. Januar 1873). Dagegen kann ein
Anspruch auf Ersatz der für die Pflege hier erkrankter oder die Be-
erdigung verstorbener Deutschen aufgewendeten Kosten und der an
vorübergehend Hülfsbedürftige gereichten Unterstützungen gegen die
Gemeinde oder den Staat der Heimath nicht erhoben werden. Das
Gesetz vom 7. Frimaire V traf Einrichtungen für diejenigen
Armen, welche sich nicht in besonderen Pflegehäusern (Hospizien)
befinden, indem es die Armenräthe (bureaux de bienfaisance) ein-
setzte. Die von der Gemeindeverwaltung unabhängigen und nur
durch die Person des Vorsitzenden (president-né) — des Bürgermeisters — mit ihr verbundenen Armenräthe besitzen die Rechte
einer juristischen Person; dieselben haben die Unterstützungen an die

Hülfsbedürftigen zu vertheilen und die öffentlichen Arbeiten zu leiten, welche etwa zu Gunsten unbeschäftigter Armen durch die Gemeindeverwaltung angeordnet worden sind.

Die Einnahmen der Armenräthe setzen sich zusammen aus

1. den Erträgnissen des in Immobilien, Renten und Kapitalien bestehenden eigenen Vermögens;

2. Geschenken und Vermächtnissen, dem Ertrage der aufgestellten Almosenbüchsen (Verordnung vom 5. Prairial XI) und genehmigten Lotterien oder Sammlungen, sowie einem Sechstel der Abgaben für Konzessionen auf Kirchhöfen — ein zweites Sechstel fällt der Verwaltung der vereinigten Hospizien zu — (Ordonnanz vom 6. Dezember 1843);

3. dem Ergebniß der Armengebühren bei öffentlichen Schaustellungen, Bällen, Konzerten u. s. w. in der Höhe von 1/10 bis 1/4 des Bruttoertrages;

4. den Zuschüssen, welche die Gemeinderäthe aus Gemeindemitteln bewilligen.

Zur Annahme von Vermächtnissen und Geschenken, sei es in Immobilien oder in Geldwerthen, bedarf es der Begutachtung des Gemeinderaths und der Ermächtigung der Aufsichtsbehörde.

Die unter 3. bezeichneten Abgaben können vom Armenrath auf die Hälfte ermäßigt bezw. in eine Pauschsumme verwandelt werden. Die Gewährung von Zuschüssen bildet keine Pflichtausgabe der Gemeinden, bleibt vielmehr deren freiem Ermessen überlassen. Eine gesetzliche Verpflichtung zur Unterstützung liegt den Gemeinden nur ob und zwar in einem beschränkten, durch die bezüglichen Gesetze genau bestimmten Maaße bei armen Geisteskranken, sowie Findel- und Waisenkindern. Die weitere Verpflichtung zur Unterstützung und Verpflegung armer Kranker ist ebenso wie die Pflicht zur Unterstützung der Armen überhaupt weder eine obligatorische noch eine unbegrenzte und wird vor Allem an die Voraussetzung geknüpft, daß sich in der Gemeinde ein Spital befindet und daß der

Arme in der Gemeinde selbst erkrankt ist. Die durch das Reichsgesetz vom 15. Juni 1883 festgesetzte Theilnahme der Gemeinde an der Fürsorge für erkrankte Arbeiter gehört nicht in das Gebiet der Armenpflege.

Die Fürsorge für arme Kranke, Gebrechliche und Greise war schon durch das Gesetz vom 24. Vendémiaire II vorgesehen worden, fand aber eine neue Ordnung durch die Gesetze vom 7. August 1851 und 23. März 1852 über die Pflege- und Krankenhäuser. Diese Gesetze sprechen zwar auch keine Verpflichtung der Gemeinden zur Errichtung solcher Häuser aus, ordneten aber die Verwaltung der bestehenden und bestimmten, daß in diesen in der Gemeinde erkrankende mittellose Personen aufzunehmen seien, auch wenn dieselben einen Unterstützungswohnsitz am Orte nicht besäßen. Ueber die Voraussetzungen hinsichtlich des Wohnsitzes und des Lebensalters bei der Aufnahme von Greisen und Gebrechlichen in ein Hospiz soll für die einzelnen Anstalten durch besondere, zu genehmigende Regle= ments Bestimmung getroffen werden. Nach Artikel 17 des Gesetzes vom 7. August 1851 kann ein Fünftel der Einkünfte der Hospize zur Gewährung von jährlichen Unterstützungen an Greise und Ge= brechliche verwendet werden, die in ihren Familien untergebracht sind.

Den Bezirken weist die Gesetzgebung, jedoch unter Heran= ziehung der Gemeinden des Unterstützungs=Wohnsitzes, die Haupt= fürsorge für arme Geisteskranke, sowie für verlassene bezw. Findel= und Waisenkinder zu. Nach dem Gesetze vom 30. Juni 1838 muß jeder Bezirk eine öffentliche Anstalt für die Aufnahme und Verpfle= gung armer Geisteskranken besitzen. Die durch Dekret vom 19. Januar 1811 der öffentlichen Wohlthätigkeit überwiesene Fürsorge und Erziehung der Findel= und der verlassenen Kinder wurde hinsichtlich der Betheiligung an den Kosten durch Gesetz vom 5. Mai 1869 neu geordnet und unter mäßiger Antheilnahme von Staat und Gemeinde hauptsächlich den Bezirken auferlegt.

II.

In Straßburg konnte es sich nicht darum handeln, in Folge
der Gesetzgebung seit 1789 neu in die Fürsorge für Arme und
Kranke einzutreten. Diese Fürsorge war in dem alten bis zur Re-
volutionszeit vielfach das Gepräge früherer reichsstädtischer Herrlich-
keit bewahrenden Gemeindewesen von grauer Vorzeit her als eine
ernste Pflicht erschienen, deren Erfüllung durch eine lange Reihe
bedeutender Stiftungen der Gemeinde freilich leicht gemacht wurde.
Es war nur erforderlich, die bestehenden Einrichtungen mit der
neuen Gesetzgebung in Einklang zu bringen. So wurde dann die
Fürsorge für Kranke und Sieche sowie die Waisen mit sämmtlichen
dafür vorhandenen Stiftungen unter die Kommission für „die Verwaltung der vereinigten Hospizien" gestellt und die von dem früheren Almosenamte St. Marx geübte äußere Armenpflege durch den
Armenrath, die Armenverwaltung, übernommen.

Nach einem späteren Dekret des Staatsraths vom Jahre 1865
wurde das Eigenthumsrecht der vereinigten Civilhospizien an den
Gütern des Almosenamts St. Marx anerkannt, jedoch zugleich
ausgesprochen, daß der Reinertrag dieser Güter zu gleichen Theilen
den vereinigten Hospizien und der Armenverwaltung zustehe. Die
Verwaltung dieser Güter, verbunden mit derjenigen eines sehr be-
deutenden, den vereinigten Civilhospizien ausschließlich angehörigen
Grund- und Kapital-Vermögens, wird von dem Vorstande letzterer
geführt. Altem Herkommen entsprechend wird noch heute der größte
Theil des Zinses für die verpachteten Ländereien in Frucht gezahlt.
Dieses Verhältniß hat wohl wesentlich den Anlaß dazu gegeben, eine
eigene Bäckerei in den Gebäulichkeiten des alten Stiftes St. Marx zu
errichten, in der sowohl das für das Spital und das Waisenhaus

nebst dem Depot der Bezirks-Findel- und Waisenanstalt benötigte,
wie das zu Spenden der Armenverwaltung bestimmte Brod gebacken
wird. In den Jahren 1868—70 ist diese Bäckerei nebst 2 großen
Speichern mit einem Kostenaufwande von über 200 000 M. neu
aufgeführt und mit den besten Einrichtungen ausgestattet worden.
Es wird Brod von 3 Qualitäten hergestellt, zwei (Weißbrod und
Halbweißbrod) aus reinem Weizenmehl für den Gebrauch der
Hospizien, eine (Schwarzbrod) zu 11/12 aus Weizen, 1/12 aus
Roggen für die Armenspenden; kranke Arme erhalten Halbweißbrod.

Im Jahre 1886 wurden 5 200 hl Weizen und 150 hl Roggen
zu etwa 310 000 kg Mehl im Werth von 72 160 M. vermahlen.
20 000 kg des besten Erzeugnisses werden in den Küchen der
Hospizien, der Rest zur Brodbereitung verwendet. Es wurde in dem
genannten Jahre 147 000 kg Weißbrod, 113 000 kg Halbweißbrod, 156 000 kg Schwarzbrod hergestellt zu einem Preise von 21
bezw. 18,6 und 17,3 Pf. für 1886/87, zu 20,2 bezw. 18,5 und
17 Pf. das Kilogramm für 1885/86. Die Zinsen der Anlagekosten
der Bäckerei und der Speicher, sowie die Unterhaltung derselben
sind bei dieser Berechnung nicht in Anschlag gebracht. Hier mag noch
nachrichtlich bemerkt werden, daß die Bäckerei von St. Marx in
einem Jahre für St. Vicenz de Paula aus Mehl, das dieser Wohl-
thätigkeits-Verein liefert, 58 000 kg Brod für dessen Zwecke her-
stellte.

Von den beiden Verwaltungen der vereinigten Civilhospizien
und der Armenverwaltung ist Erstere die ungleich bedeutendere.
Dies drückt sich schon allein in der Thatsache aus, daß, abgesehen von Kapitalbewegungen, die Ausgaben der Hospizien sich
bis zu 800 000 M. erstrecken, während die Jahresrechnungen der
Armenverwaltung die Summe von 200 000 M. nicht erreichen.
Den vereinigten Civilhospizien untersteht das Spital mit rund
1000, das Waisenhaus mit rund 200 und das Rekonvaleszentenhaus Lovisa mit rund 40—50 Insassen — jedesmal ohne das
Aufsichts-, Warte- und Dienstpersonal. — In dem nebst Hof und

Garten, nach den Angaben für 1868, eine Grundfläche von 315 Ar einnehmenden Spital, von denen 124 Ar überbaut waren, besteht eine Abtheilung für Kranke und eine zweite für arme über 70 Jahre alte Personen; letztere ist wieder in 2 Klassen getheilt, gänzlich Mittellose und eine wenig bedeutende Zahl Solcher, die sich mit be= scheidenen Mittel eingekauft haben. Mit dem Spital ist die 1838 gegründete Bezirks-Hebammenschule verbunden; auch dient die Kranken-Abtheilung großentheils Unterrichtszwecken der Univer= sitätskliniken.

Die Kranken sind nämlich untergebracht in

1. klinischen Abtheilungen, welche zugleich zu Unterrichts= zwecken der Universität dienen und zwar in 9 verschiedenen Abtheil= ungen : die medizinische, die chirurgische, die syphilitische, die ophthalmologische, die gynäkologische, sowie diejenigen für Frauen= krankheiten, für Irre, für Epileptiker und für Epidemieen;

2. nicht klinischen Abtheilungen : eine medizinische, eine chirurgische, eine für Entbindungen und eine für unheilbare Frauen= krankheiten.

Jene ersteren zählten 1885/86 durchschnittlich 391, diese 206 Kranke. In beiden Abtheilungen zusammen sind einschließlich der Assistenten 37 Aerzte thätig.

Die klinischen Abtheilungen sind mit dem Ausbau der neuen Universitätsinstitute allmälig meist in diese verlegt. Im Spital= gebäude befinden sich zur Zeit nur noch die medizinische, die syphilitische, ophthalmologische, die Kinder-Klinik und ein zur gynäkologischen Klinik gehöriger Saal.

Die Hospizien besorgen vertragsmäßig die Kranken in den Universitätsinstituten, ebenso wie diejenigen im Spital auf eigene Rechnung gegen die festgestellten Verpflegungssätze; beim Fehlen anderer Verpflichteten werden letztere von der Universität gezahlt.

Die unmittelbare Verwaltung des Spitals, des Waisenhauses und der Bezirks-Findel= und Waisenanstalt führt, unter der Leitung

2

des Verwaltungsraths der Hospizien, je ein Direktor. Die Pflege im Spital wird, außer einem zahlreichen Personal von Aerzten nebst den nöthigen Apothekern, durch mehr denn 50 barmherzige Schwestern und über 90 männliche und weibliche Krankenwärter ausgeübt. Der Verwaltungsrath hält meist alle 8 Tage Sitzungen.

In der Krankenabtheilung findet jeder Mittellose, welcher in Straßburg erkrankt, Aufnahme. Selbstredend wird Ersatz der Kosten verlangt, wenn ein dazu Verpflichteter zu ermitteln ist. Soweit Raum vorhanden ist, können auch auswärts Erkrankte aufgenommen werden. Dies wird begünstigt, wenn es sich um Kranke oder Schwangere handelt, die zu Lehrzwecken in den Kliniken oder für die Hebammenschülerinnen dienen können.

Vom 1. April 1886 ab gelten folgende Pflegesätze für den Tag:

1. In Straßburg geborene oder mindestens 10 Jahre wohn= hafte Personen: Erwachsene 1,80 M., Kinder 1,20 M.

2. hier nicht 10 Jahre wohnhafte und auswärtige, auf eigene Kosten behandelte Kranke: Erwachsene 2 M., Kinder 1,40 M.

3. Mitglieder der Orts= und ähnlichen Krankenkassen 1 M.

4. Kranke, die auf Kosten auswärtiger Gemeinden, Armen= anstalten u. s. w. untergebracht, zahlen den Satz ad 1; die Eisen= bahnverwaltung zahlt für die hiesigen Dienstzweigen, einschließlich Bischheim, angehörigen Kranke nur 1,14 M.

Geisteskranke, welche bei besserer Kost in eigenen Zimmern untergebracht sind, zahlen je nachdem 3,20, 2,50 oder 1,90 M. Hebammenschülerinnen haben für den Kursus von 9 Monaten 360 M. zu vergüten.

Ermäßigte Sätze gelten für Kranke, die auf Kosten des Bezirks verpflegt werden: Erwachsene 1,20 M., Kinder 1,10 M., für Dirnen 1,13 M. und für harmlose Geisteskranke 1,10 M.

Als Pfründner werden alte Leute beiderlei Geschlechts — einerlei ob sie verheirathet sind oder nicht — aufgenommen, welche 70 Jahre alt, arm und erwerbsunfähig, sowie in Straßburg geboren oder doch seit mindestens 10 Jahren heimathsberechtigt sind. Ausnahmsweise können unter sonst gleichen Voraussetzungen auch jüngere Personen aufgenommen werden, wenn sie dauernd krank und erwerbsunfähig sind. Die Pfründner befinden sich, soweit sie an unheilbaren Krankheiten leiden, in der Abtheilung der Kranken (1885/86 in der Zahl von 111); im Uebrigen theilen sich dieselben (1885/86 : 321 Köpfe) in 4 Klassen. Die 1. und 2. besteht aus wenigen Personen, die sich gegen die nach dem Lebensalter des Betreffenden sich abstufende Zahlung eines bestimmenden Kapitals oder einer gewissen Jahresrente eingekauft haben, die 3. und 4. Klasse aus mittellosen Leuten, von welchen die 3. Klasse noch einige Arbeiten im Innern des Hauses zu verrichten im Stande ist. Für diese Arbeiten erhielten sie früher kleine Kostverbesserungen, neuerdings mäßige Entschädigungen in Geld. Seit Anfang 1851 werden an zur Aufnahme in die Pfründe berechtigte Personen, welche es vorziehen, in ihren Familien wohnen zu bleiben, monatliche Unterstützungen gezahlt von anfänglich 8 M., schon seit vielen Jahren jedoch nur 4 M.

Der durch längere Zeit erwogene Plan, die Kranken- und die Pfründnerabtheilung örtlich zu trennen, wurde 1868 aufgegeben. Auch die nach 1872 erhobenen Erwägungen des Neubaues eines städtischen Krankenhauses in Verbindung mit den neu zu errichtenden klinischen Instituten der Universität führten zu einem negativen Ergebniß.

Das auf besonderen alten Stiftungen beruhende und eigenes Grundvermögen besitzende, in Folge des Gesetzes vom 23. Brumaire V unter der Verwaltung der vereinigten Hospizien stehende Waisenhaus ist bestimmt, eheliche, in Straßburg geborene Kinder beiderlei Geschlechts aufzunehmen und zu erziehen, deren beide Eltern arm oder doch in ganz dürftiger Lage gestorben sind und, wenn nicht in Straßburg geboren, so doch mindestens 12 Jahre ansässig waren.

Die Altersgrenze der Erziehung war bis 1868 das vollendete 12. Lebensjahr und bis zur Entlassung aus der Schulpflicht erstreckt worden. Bis zum Eintritt der Schulpflicht werden die Kleinen in Familienpflege untergebracht. Nach dem Austritt aus dem Hause werden sowohl Knaben wie Mädchen in eine passende Lehre gebracht und erhalten während dieser Weißzeug und die Reinigung desselben vom Waisenhause. Nach beendigter Lehre erhalten Alle, außer etwaigem eigenen Vermögen und angesammelten Ersparnissen, eine Ausstattung.

Räumlich mit dem Waisenhause verbunden, jedoch unter besonderer Direktion und mit besonderem Vermögen, ist das Depot der Bezirks-Findel- und Waisenanstalt für den Bezirk Unter-Elsaß. Die bei Eintritt der Hülfsbedürftigkeit, kraft des Gesetzes vom 19. Januar 1811, aufgenommenen Kinder werden in der Regel demnächst in Familien in der Stadt oder auf dem Lande gegen Entgelt untergebracht. Es sind dies: 1. Waisen, welche nicht nach den Statuten der im Unter-Elsaß bestehenden besonderen Waisenhäusern in diesen Aufnahme gefunden haben; 2. von den Eltern auf irgend eine Weise dauernd oder vorübergehend verlassene und 3. einzelne bei den Eltern bezw. der Mutter völliger Verwahrlosung anheimfallende Kinder. Die Fürsorge erstreckt sich ebenso wie bei den Pfleglingen des Waisenhauses vom zartesten Kindesalter bis in die Lehrlingszeit hinein. Nur ein ganz kleiner Theil der in das Depot aufgenommenen Kinder verbleibt beständig in demselben, wenn nämlich deren Unterbringung außerhalb, wie z. B. wegen körperlicher Gebrechen, nicht angängig erschien. Während des Aufenthalts im Depot wird der Verwaltung der vereinigten Hospizien für jeden Pflegetag 1 M. vergütet.

Für die auswärts Untergebrachten werden vierteljährlich vergütet für

1. Säuglinge 16 M.,
2. Flaschenkinder bis 1 Jahr 28 M.,
3. Kinder von 1—3 Jahren 19,20 M.
4. Kinder über 3 Jahre 16,80 M.

Außerdem werden Kleider und Schulbedürfnisse bestritten,
wie auch in Krankheitsfällen die Kur- und event. die Beerdigungs-
kosten vergütet. Bei der ersten Kommunion werden 20 und für die
Lehrzeit einmal 32 M. gezahlt.

Es mögen hier der Uebersichtlichkeit halber vorweg, ebenso wie
bei dem gleich zu erwähnenden Rekonvaleszentenhaus Lovisa, kurze
Angaben über die für die Gemeinde Straßburg wichtigen Ver-
waltungsergebnisse der Bezirks-Findel- und Waisenanstalt im Jahre
1885/86 folgen. Von 1268 aufgenommenen Kindern gehörten 243
der Stadt Straßburg an, welch letztere mit einem ungefähren
Kostenaufwand von 35 000 M. verpflegt wurden. Darauf hatte
Straßburg, nach der von dem Bezirkstag gemäß Gesetz vom
5. Mai 1869 aufgestellten Berechnungsweise, einen Beitrag von
6 118 M. zu zahlen. Die Gemeinden haben nach jenem Gesetz im
Ganzen 1/5 der äußeren Verpflegungskosten zu tragen.

Durch Testament vom 4. Januar 1876 hat Herr Johann
August Ehrmann einen großen Theil seines Vermögens, mit einem
Nettobetrage von 813 595 M., zur Errichtung und Unterhaltung
eines Rekonvaleszentenhauses unter dem Namen Lovisa bestimmt.
Der Zweck der Stiftung geht zwar über den Rahmen der Armen-
pflege hinaus, soweit diese sich nur die Abwehr äußerster Noth zur
Aufgabe stellt; dennoch wird derselben hier gedacht werden müssen,
zumal die wirthschaftlich völlig selbständige Anstalt nach dem
Willen des Testators dem Verwaltungsrath der vereinigten
Hospizien unterstellt ist und ganz wesentlich den Dürftigen zu gut
kommt. Mit einem Kostenaufwand von 228 194 M. wurde in

Ruprechtsau ein Haus mit Park — 430 Ar umfassend — ange=
kauft und zweckentsprechend ausgebaut. Die Anstalt enthält außer
10 Betten für das Warte= und Dienstpersonal (2 barmherzige
Schwestern, 1 Lehrerin und 3 Wärterinnen nebst 2 Gärtnern)
60 Betten. Die Eröffnung fand statt am 1. Juli 1880. Zur Auf=
nahme sind hauptsächlich dürftige Rekonvaleszenten von akuten
Krankheiten, beiderlei Geschlechts, berechtigt und werden besonders
Pfleglinge des Spitals berücksichtigt. Die normale, jedoch vielfach
überschrittene Dauer des Aufenthalts beträgt 11 Tage. Es werden
während der besseren Jahreszeit auch skrophulöse Kinder (Ferien=
Colonisten auf durchschnittlich 5 Wochen aufgenommen. Während
des Jahres 1885/86 verweilten in der Anstalt 556 Rekonvales=
zenten, im Jahresdurchschnitt 28,8 mit einem durchschnittlichen
Verbleib von 18,9 Tagen und 52 skrophulöse Kinder mit einem
Verbleib von 31 Tagen.

Von sämmtlichen 12301 Pflegetagen wurde für 925 Ersatz
der Pflegekosten geleistet. Der Gesammt=Kostenaufwand betrug in
dem gedachten Jahre 22753 M. Die vom 20. August 1876 bis
Ende März 1886 angesammelten Ueberschüsse aus den Erträgnissen
der Stiftung mit 141703 M. sind zur theilweisen Tilgung des
Anlagekapitals der Anstalt Lovisa verwendet werden.

Wie steht es nun um die finanziellen Verhältnisse der
vereinigten Hospizien? Dieselben sind insofern als günstige zu
bezeichnen, als die Einnahmen aus dem eigenen Vermögen durch=
schnittlich die eigenen Ausgaben vollaus zu decken vermögen. Die
Zuschüsse, welche der Verwaltung der vereinigten Hospizien zufließen,
stellen sich fast durchgehend dar als Ersatz für besondere Leistungen
und Aufwendungen, welche Seitens des Spitals für ohne Ver=
pflichtung hierzu aufgenommene Kranke gemacht worden sind.

Nach dem Ergebnisse der betreffenden Jahresrechnungen
betrugen

A. Die Einnahmen der vereinigten Hospizien ohne Berücksichtigung der übertragenen Ueberschüsse, der Kapitalbewegung, sowie etlicher durchlaufender Posten in Mark:

Nachweisung A.

laufende No.	Jahr.	Aus Grund- und Kapital-Vermögen, Renten, hinterlegten Geldern und der Jagdpacht.	Von dem Werth des in Natura verwendeten Getreides, bezw. der Gartenprodukte.	Aus Zuschüssen der Gemeinde Straßburg, des Bezirks, des Staats der Universität :c.	Aus rückerstatteten Pflegekosten.	Aus Verschiedenem.	Zusammen.
	1	2	3	4	5	6	7
1	1862	535190	106196	21304	41881	25177	699748
2	1868	630800	98809	28387	42342	44378	812296
3	1874	591031	107820	24747	42467	41420	810185
4	1880/81	546353	114426	32991	99395	44073	834238
5	1884/85	513009	80047	48403	97874	37324	776747
6	1885/86	504584	72757	39070	110605	40541	767357
7	Durchschnitt.	553991	96176	32161	62377	38319	783413

Im Jahre 1885/86 betrugen daher die Einnahmen mehr bezw. weniger wie

Nachweisung B.

1	2	3	4	5	6	7
1862	M. − 30806 5,8	M. − 33639 31,5	M. + 17606 83,4	M. + 98724 831 77,3	M. + 15364 61	M. + 67609 10,4
Im Durchschnitt.	49607 9	23319 24,2	6909 21,5	48228 77,3	2222 5,9	M. − 16056 2,1

b. Die Ausgaben betrugen in diesen Jahren abgesehen von Kapitalbewegungen, Neubauten, Ordnungsausgaben und dergleichen in Mark

Nachweisung C.

Laufende No.	Jahr.	An General-verwaltungskosten.	Für's Spital.	Für's Waisenhaus.	An in Natura für die Hospizien verwendeten Produkten.		Zusumma.
					a) Werth	b) Menge an Grütze, Mehl und Brod in Kilog.	
	1	2	3	4	5		6
1	1862	95 050	284 072	50 523	106 196	?	532 850
2	1868	107 865	390 436	52 967	98 809	?	579 797
3	1874	106 988	421 489	65 173	107 820	254 910	701 470
4	1880/81	131 275	476 837	79 160	111 426	263 536	798 298
5	1884/85	138 307	457 094	56 723	80 067	296 636	773 168
6	1885/86	141 300	470 297	71 147	72 757	261 788	755 501
7	Im Durchschnitt	120 132	441 087	65 948	96 176	242 975	890 180

Es betrugen demnach die Ausgaben im Jahre 1885/86 mehr bezw. weniger wie 1862 bezw. wie durchschnittlich in Mark:

Nachweisung D.

Die eigenen Einnahmen der vereinigten Hospizien rühren größtentheils aus einem umfangreichen Grundbesitz her, der über= wiegend — mit mehr denn 5000 ha in über 30 000 Parzellen — aus Ackerland, Wiesen, Bauerhöfen, Weinbergen ꝛc. besteht. Diese Ländereien sind theils gegen Geld, theils gegen Getreidezins auf 9 Jahre verpachtet und brachten ein 1862: das Hektoliter Weizen zu 16,80 M., Roggen zu 10,40 M., Gerste zu 8 M. gerechnet, brutto 409 660 M. oder 81,14 M. auf den Hektar; 1868: das Hektoliter Weizen zu 16 M., das Hektoliter Roggen und Gerste zu 10,40 M. gerechnet, 465 111 M. oder 92,37 M. auf den Hektar. 1885/86 beträgt, bei einer Vermehrung des Grundeigenthums gegen 1862 um 100 ha, diese Einnahme, den halben Antheil der Armen= verwaltung an den vom Almosen=Amt St. Marx herstammenden Gütern mit mehr denn 1000 ha eingerechnet, brutto 363 058 M. oder 70,5 M. auf den Hektar. Dabei ist der Hektoliter Weizen zu 14,18 M., der Hektoliter Roggen zu 11,31 M. gerechnet.

Ferner wurde aus der Jagdpacht (über 4000 M.) und ver= mietheten Häusern 17 571, aus Grundrenten 636, aus dem Wald= besitz von 630 ha 19 721 M., im Werth der selbstgeernteten Gartenprodukte 2 449, zusammen 40 380 M. erlöst.

Der Rückgang der Einnahmen aus dem Landbesitz hat lediglich seinen Grund in den mit den Güter= und Getreidepreisen gefallenen Pachtbeträgen. Der Jahresbericht für 1868 weist im Einzelnen nach, wie seit 1840 eine Steigerung der eingegangenen Pächte um 166 869 M. eingetreten war, die sich dann bis 1876 noch weiter fortsetzte. Seitdem ist dann ein Rückschlag eingetreten, dessen äußerste Grenze erreicht zu sein scheint. Die bedeutende Erhöhung der Einnahmen aus dem Grundvermögen setzten die Hospizien in die Lage, vom Jahre 1845 ab auf die von der Stadt bis dahin gezahlten jährlichen Subventionen verzichten zu dürfen. 1836 betrug diese Subvention noch 35 800 M. — Die Wirkung der großen Schwankungen in den Erträgen aus Grund und Boden wurde dadurch in etwas ausgeglichen, daß von jeher mehr denn die

Hälfte der Pacht in Getreide entrichtet wurde und dieses Getreide großen Theils in Gestalt von Brod zu eigenem Gebrauch der vereinigten Hospizien und der Armenverwaltung Verwendung fand und findet. Trotzdem bleibt der Ausfall im Ertrage des Grundvermögens ein äußerst empfindlicher.

Einiger Ersatz ist dadurch geboten worden, daß ungeachtet des gesunkenen Zinsfußes die Einnahmen aus Kapitalien bedeutend gestiegen sind. Während dieselben 1862: 62419, 1868: 66000 M. betrugen, ergeben sich für 1885/86 116871 M. Diese Vermehrung hat zur Hauptsache ihren Grund in glücklichen Verkäufen, namentlich von einer Anzahl zum Festungsbau erforderlichen Ländereien sowie in Rayonentschädigungen. Dadurch ist die Wirkung des Herabsinkens des Zinsfußes weit mehr denn ausgeglichen worden, wenn gleich bei einem einzigen in Landesobligationen angelegten Kapitals von 1223000 M. durch Reduktion des Zinsfußes ein Verlust von 6588 M. eintrat. Eine weitere Beschränkung der Zinseinnahmen wird sich demnächst geltend machen, da erst neuerdings mehrfache größere Kapitalverwendungen zur Errichtung einer Wasch- und Badeanstalt, sowie eines Krankenpavillons mit einem Kostenaufwande von zusammen 362000 M. nothwendig geworden sind.

Auf der anderen Seite hat dann wieder der Ertrag der erstatteten Pflegekosten eine stetige und nach obiger Nachweise ganz außerordentliche Steigerung erfahren, indem ohne Schädigung der ersten Bestimmung des Spitals im Dienste der städtischen armen Kranken dasselbe, vermöge seiner vorzüglichen Einrichtungen und wegen der engen Verbindung mit den klinischen Instituten der Universität, zahlreichen auswärtigen Kranken als Pflege- bezw. als Heilstätte dient, für welche die Kosten ersetzt werden. Hierhin rechnen auch die Zuschüsse aus öffentlichen Kassen für Benutzung der Einrichtungen des Spitals und des Depots der Bezirks-Findel- und Waisenanstalt durch Pflegebefohlene der betreffenden Körperschaften. Es stehen 1885/86: 114696 Pflegetagen Kranker im Spital, für welche eine

Vergütung nicht geleistet wurde — darunter 10 628 für nicht hier heimathsberechtigte Dirnen — gegenüber 103 082 Pflegetage gegen Bezahlung.

Im Vergleich zu früheren Jahren kann augenblicklich die Finanzlage der vereinigten Hospizien nicht als eine besonders günstige bezeichnet werden. Es ist Thatsache, daß im Jahre 1885/86 die gewöhnlichen Einnahmen zur Deckung der laufenden Ausgaben nicht voll gereicht haben, vielmehr ein wenn auch verhältnißmäßig geringer Eingriff in den Betriebsfonds (fonds de roulement) hat gemacht werden müssen. Mit einem mäßigen Anziehen der Getreidepreise würde jedoch das Gleichgewicht sofort hergestellt sein. Immerhin hat sich der Rückgang der Gesammteinnahmen nur in engen Grenzen bewegt. Weit einflußreicher auf die Finanzlage ist die ungewöhnliche Vermehrung der Ausgaben, die von 1862 bis 1885/86 sowohl für die Generalverwaltung, als für Spital und Waisenhaus über 40, für das Spital sogar 66 %. beträgt; bei der Generalverwaltung datirt das stärkere Anwachsen erst von 1874.

Ueber die Bevölkerung des Spitals stehen ausführliche Nachrichten nur für die Jahre 1843 bis 1868 zur Verfügung, da leider seit dieser Zeit der früher jedesmal mit der Rechnung zum Druck gelangte umfassende Jahresbericht nicht mehr veröffentlicht worden ist. In den genannten Jahren bewegte sich die durchschnittliche Bevölkerung an Kranken zwischen 379 im Jahre 1844 und 558 im Jahre 1868. Bis 1855 allmälig auf 538 steigend fiel dieselbe bis 1866 auf 410, um dann fast ununterbrochen wieder zu wachsen. 1884/85 betrug die Durchschnittsstärke an Kranken 606, 1885/86 596. Die Zahl der im Spital wohnenden Pfründner bewegte sich zwischen 102 im Jahre 1850 und 534 im Jahre 1848; 1868 betrug dieselbe 508, 1884/85: 436, 1885/86: 432. Die Zahl der Seitens des Spitals mit Unterstützungen bedachten Personen über 70 Jahre, welche in ihren Familien wohnen, wuchs von 1851, in welchem Jahre deren erst 17 waren, bis zum Jahre 1868 auf 392 und beträgt jetzt fast genau 400. — Hebammenschülerinnen pflegen einige 20 für 9 Monate des Jahres gegen ein Kostgeld von 360 M. Aufnahme zu finden.

Im Waisenhause befanden sich an Waisen durchschnittlich während der Jahre 1853/62 von 127 im Jahre 1853 bis 204 im Jahre 1858; später ist ihre Zahl geringer geworden und bewegt sich zwischen 103 im Jahre 1869 und 166 im Jahre 1878/79; 1885/86 betrug dieselbe 115. — Das mit dem Waisenhaus unter einem Dach befindliche Depot der Bezirks= Findel= und Waisenan= stalt sieht zwar im Laufe des Jahres mehrere Hundert Kinder bei= derlei Geschlechts in seinen Mauern; der Aufenthalt ist für die ganz überwiegende Mehrzahl aber nur von kurzer Dauer, so daß es eine große Ausnahme ist, wenn im Jahre 1853 das Depot durch= schnittlich 84 Bewohner zählte; 1861 waren deren 16; 1869 am 1. Januar 35.

Fassen wir noch einmal die Leistungen der geschlossenen Ar= menpflege Straßburg's zusammen:

Im Spital waren 1885/86 täglich 606 Kranke untergebracht, außerdem 136 Pfründner, im Waisenhaus 145 Waisen, in Stephans= feld 121 arme Irre aus Straßburg. Das Hospiz Lovisa herbergte durchschnittlich 35 Personen. 12 Taubstumme waren auf Kosten der Stadt in Anstalten untergebracht. In die offene Armenpflege hinübergreifend zahlte das Spital an etwa 100 über 70 alte Per= sonen monatliche Unterstützungen im Betrage von 4 M. Die Bezirks= Findel= und Waisenanstalt hatte in diesem Jahre 213 Kinder aus Straßburg in Pflege. Also: Kranke und Hülfslose aller Art, na= mentlich Waisen und Greise, finden gleichmäßig durch die vereinig= ten Hospizien ausreichende Versorgung unter Mitbetheiligung anderer Körperschaften; verlassene Kinder verdanken sie dem Bezirk und der Gemeinde.

Neben diesen umfassenden Leistungen der geschlossenen Armen= pflege bleibt, gemäß der Gesetzgebung, der Armenverwaltung im en= geren Sinn, dem Bureau de bienfaisance, noch ein weites Feld der Thätigkeit übrig. Wir haben bereits berührt, wie der die Armen=

Verwaltung leitende Armenrath seine Aufgabe auffaßt und deren
Erfüllung anstrebt, wie er sich nach dem Vorwort der Jahresrech=
nung für 1880/81 berufen glaubt, die Bettelei nicht nur zu
bekämpfen, sondern dieselbe unnöthig zu machen, indem er dazu
auffordert, „den Bettlern entschlossen jede Gabe zu verweigern.“
Voraussetzung hierbei konnte doch wohl nur sein, daß dem Dürf=
tigen durch die Armenverwaltung das zum Leben Unentbehrliche
wirklich gereicht wurde und ferner gereicht werden soll. Sehen wir,
wie weit die Thatsachen dem entsprechen.

Der Armenrath hält Plenarsitzungen je nach Bedürfniß. Die
Beschlüsse über Bewilligungen oder Abweisung der eingegangenen
Unterstützungsgesuche werden nicht in gemeinsamer Sitzung gefaßt,
sondern durch ein oder zwei Mitglieder desselben, die sich in diesem
Dienst, welcher im Winter gewöhnlich einmal wöchentlich, im
Sommer mindestens alle 14 Tage stattfindet, abwechseln. Dring=
liche Fälle werden von dem Vorsitzenden des Armenraths zwischen=
durch erledigt.

Der Armenrath wird in dem unmittelbaren Verkehr mit den
Hülfesuchenden durch Armeninspektoren unterstützt. Jedem Einzelnen
letzterer ist ein bestimmtes Quartier zugewiesen. Ueber alle in dem=
selben wohnende dürftige Personen hat derselbe dem Armenrath auf
Erfordern nach Anleitung eines Fragebogens Auskunft zu ertheilen,
und erst auf Grund dieser Unterlage pflegt Beschluß auf die Unter=
stützungsgesuche gefaßt zu werden. Ausführlichere Fragebogen werden
ausgefüllt, wenn es sich um Festsetzung der Verhältnisse von Armen
handelt, die Unterstützungen bei Staatsbehörden erbeten haben, oder
um solche, für welche die Unterstützungspflicht auswärtigen Ge=
meinden obliegt. Die Armeninspektoren können selbst keine Unter=
stützungen bewilligen, haben auch die bewilligten nicht selbst auszu=
theilen. Bei andauerndem Frostwetter werden ihnen eine mäßige
Zahl von Holzkarten (Anweisungen auf die Empfangnahme eines
Korbes Holz) zur Verfügung gestellt.

Die Zahl der Inspektoren, welche bisher gegen 180 betrug,

soll demnächst durch Vermehrung der Quartiere in Kronenburg und Neudorf bis auf 190 erhöht werden. Dieselben haben durchschnittlich über 16 Unterstützungsbedürftige, Einzelstehende oder Familien, in ihrem Bezirk und zwar hatten

103 Inspektoren . . . . . 1—15 Pfleglinge,
57   „   . . . . . 16—30   „
11   „   . . . . . 31—45   „
7   „   . . . . . 46—90   „
1 Inspektor (Neudorf) . 150   „

In Folge einer Anregung in der Versammlung der nach jahrelanger Unterbrechung einmal wieder mit dem Armenrath am 2. Mai 1880 zu gemeinsamer Sitzung zusammentretenden General-versammlung der Inspektoren sollen die Letzteren mit beschlußfähiger Stimme zu den über die Bewilligung von Unterstützungen beschließenden Tagungen des Armenraths zugezogen werden und dadurch mit Letzterem die Verantwortlichkeit der gerechten Vertheilung der Hülfsmittel unter die Armen theilen. Die Theilnahme der Inspektoren an diesen Sitzungen ist aber nur eine vereinzelte geblieben und allmälig ganz eingeschlafen, wie denn eine allgemeine regelmäßige Vertheilung schon an der Raumfrage scheitern mußte.

Ein anderes Organ der Armenverwaltung bilden die von der-selben für bestimmte Bezirke bestellten 7 Armenärzte mit 6 Assistenz-ärzte. Die früher für 5 Jahre wirksame Ernennung derselben erfolgt jetzt auf unbestimmte Zeit. Diese Aerzte haben den Familien der bei der Armenverwaltung eingeschriebenen Armen unentgeltlich ärztlichen Beistand zu leisten.

Die in dem Reglement vom 12. Dezember 1856 vorgesehene Einrichtung, daß erkrankende Arme von Diakonessen oder Schwestern aufzusuchen sind, um etwaige Bedürfnisse jener festzustellen, hat sich leider nicht erhalten.

Ein besonderer Zweig der in den Bereich der Armenverwaltung fallenden Thätigkeit ist den Händen der sogenannten Arbeitskommiſſion anvertraut. Dieſelbe beſteht aus etwa 15 Damen und handelt unter der Oberaufſicht des Armenraths ſelbſtändig. Der Sitz des Komites iſt in St. Marx. Dieſem wird, abzüglich einer Unterſtützung der iſraelitiſchen Gewerbeſchule im Betrage von 210 M., ſchon längere Jahren der geſammte jährliche Ertrag der ſeit 1835 ſtattfindenden Armenlotterie überwieſen. Früher wurde ein geringer Theil des Ertrags auch wohl für die engeren Zwecke der Armenverwaltung verwendet. Die Höhe des Ergebniſſes der Lotterie bedingt den Umfang der Wirkſamkeit des Komites. Letzteres ſchafft Rohſtoffe an, welche nicht hinreichend beſchäftigte, meiſt bereits durch den Armenrath unterſtützte Strickerinnen, Spinnerinnen, Weber und Näherinnen, in der Zahl von etwa 100, weiter verarbeiten. Es werden namentlich Wäſcheartikel, aber auch Ober- und Unterkleider angefertigt. Die Vorräthe werden je nach Erforderniß an Bedürftige, namentlich auch Schulkinder (auf Grund der die dringliche Noth- wendigkeit der Beſchaffung bekundenden Beſcheinigung der betreffen- den Lehrer) theils unmittelbar, theils durch Vermittlung zahlreicher wohlthätiger Vereine ausgegeben. Soweit das Lager über den Bedarf hinaus anwächſt, werden auch Waaren verkauft.

Für die Thätigkeit des Armenraths iſt noch heute das vom Präfekten genehmigte Reglement vom 26. Dezember 1856 maß- gebend. Nach dem Inhalt deſſelben erhalten Arme, die ſich ſchlecht führen, Trunkenbolde, im Konkubinat Lebende, ſowie ſolche, welche ihre Kinder nicht zur Schule anhalten, keine Unterſtützung. Nur in dringenden Nothfällen pflegt eine Ausnahme von dieſer Regel gemacht zu werden.

Die Art wie die Armenverwaltung den an ſie herantretenden Bedürfniſſen der Armen Abhülfe zu ſchaffen ſucht, iſt eine höchſt vielſeitige. Aehnlich wie die Arbeitskommiſſion Bedürftige nicht unmittelbar durch Geldgaben unterſtützt, wohl in der richtigen Ab- ſicht, das Selbſtgefühl Letzterer möglichſt zu ſchonen und ihnen die Rückkehr zur wirthſchaftlichen Selbſtändigkeit zu erleichtern, ſo nimmt auch bei dem Vorgehen des Armenraths die Vertheilung von

Naturalien— Brod, Suppen, Kleider, Bettwerk, Brennmaterial — eine im Verhältniß zu den Gepflogenheiten der Armenbehörden an anderen Orten sehr weiten Raum ein. Zum großen Theil hängt dies mit der Pachtzahlung in Getreide zusammen. Abgesehen von den nicht sehr umfangreichen Unterstützungen nach der besonderen Bestim= mung einzelner Geschenkgeber und Testatoren wurden beispielsweise 1885 86 für 57 181 M. in Naturalien, dagegen 41 416 M. an monatlichen, vierteljährlichen und einmaligen Unterstützungen in Geld verabreicht; außerdem noch für den Krankendienst — Besoldung der Aerzte, Miethe der Consultationslokale, Medikamente, chirur= gische Instrumente u. s. w. — 9 660 M. ausgegeben.

Die monatlichen Unterstützungen im Betrage von 4 M. erhalten ganz überwiegend dieselben über 70 Jahre alten Personen, welche— wie wir oben gesehen — bereits von der Spitalverwaltung als Außen= pfründner die gleichen Beträge beziehen. Von zwei über 70 Jahre alten Eheleuten erhält stets nur Einer die Unterstützung. Die Höhe der Unterstützung hat sich nicht immer in den gleichen Grenzen bewegt; für das Jahr 1868 fanden wir solche zu 2,40 bis 6,40 M., für 1874 zu 3,20 bis 12 M. angegeben; sie stufte sich noch bis 1883 je nach dem Alter der Hilfsbedürftigen von 3 bis 10 M. ab und ist erst durch Beschluß vom 25. April 1883 allgemein auf 4 M. festgesetzt. Die Anzahl der Empfänger darf 500 nicht über= steigen.

Vierteljährliche Unterstützungen im Betrag von 5—10 M. (1868: 1,80 bis 8 M.) erhalten Personen, welche das 70. Lebens= jahr noch nicht erreicht haben, aber wegen körperlicher oder geistiger Gebrechen ihren Lebensunterhalt nicht gewinnen können. Der höchste Satz wird nur an Blinde gezahlt. — Die Mittel für die nicht regel= mäßigen Unterstützungen sind im Verhältniß zu den gestellten Anforderungen und den thatsächlich vorhandenen Fällen dringender Bedürftigkeit ungemein beschränkt. Diese pflegen nur in Beträgen von 2—5 M., und wenn nicht außerordentliche Umstände eine Aus= nahme erheischen, nur einmal im Jahr an dieselbe Person gegeben zu werden. Einmalige Unterstützungen werden aus den verschiedensten Gründen und zu den verschiedensten Zwecken bewilligt, z. B. vorübergehende Krankheit oder längere Arbeitslosigkeit, als Beihülfen zur Bestreitung der Hausmiethe oder der Begräbnißkosten oder der Auslösung verpfändeter Gegenstände oder der Beschaffung von Kleidern für Konfirmanden bezw. für die erste Kommunion Feiernde, zur Unterstützung fremder Durchreisender und solcher Personen, die in Straßburg wohnen, aber keinen Unterstützungswohnsitz erworben haben, im Falle vorübergehender Noth oder bis zur Feststellung des Unterstützungswohnsitzes bezw. bis zur Uebernahme durch den heimathlichen Armenverband. — Wegen der Unterstützungen zu 5 M. für die Beschaffung von Kleidern der Konfirmanden und Erstkommunikanten — Ostern 1886 mit einem Gesammtbetrage von 1195 M. — könnte die Frage aufgeworfen werden, ob hiermit nicht die Grenze der öffentlichen Armenpflege überschritten worden.

Nur in ganz vereinzelten Fällen sieht sich der Armenrath durch Verwendung der zu seiner Verfügung stehenden Gaben mit besonderer Bestimmung und der Zinserträge aus Vermächtnissen in der Lage, erheblichere Mittel aufzuwenden, um einem unverschuldet eingetretenen Nothstand gründlich abzuhelfen und die wirthschaftliche Selbständigkeit einer Familie wiederherzustellen oder doch anzubahnen.

Unterstützungen an Brod werden zunächst einzelstehenden Personen und Eheleuten gewährt, wenn dieselben über 65 Jahre alt sind, und regelmäßig denjenigen, welche fortlaufende monatliche oder vierteljährliche Unterstützungen erhalten. Jüngere Eheleute mit nicht mehr als 2 Kindern können nur Brod erhalten, wenn ihre dauernde Erwerbsunfähigkeit durch ärztliches Zeugniß erhärtet ist. Es werden wöchentlich dem Einzelstehenden und dem Familienhaupt 2 kg, jedem Familienangehörigen und zwar Kindern bis zum 16. Lebensjahre 1 kg Brod gegeben. Ist Erwerbsfähigkeit vorhanden, so erhalten Eheleute mit 6 und mehr Kindern während des ganzen Jahres Brod: während des Winters können Brodgaben auch

Eheleuten mit 3—5 Kindern zugebilligt werden und wird die Höhe
der Brodreichung nach der Anzahl der vorhandenen nicht erwerbs=
fähigen Kinder berechnet, so daß bei 3 Kindern 3, bei 4 Kindern
4 kg gegeben werden u. s. w. Ein Wittwer oder eine Wittwe mit
einem Kind erhalten in der Regel nichts; eine Wittwe mit 2—3
Kindern 3 kg, ein Wittwer mit 2 Kindern nur im Winter 2, mit 3
Kindern durch das ganze Jahr 3 kg. Verwittwete Personen mit 4
und mehr Kindern bekommen durch das ganze Jahr soviel kg,
Brod als erwerbsunfähige Kinder vorhanden sind. Außerdem er=
halten 70—80 arme Lehrlinge wöchentlich 2 kg. — Das von der
Armenverwaltung ausgegebene Brod ist, wie wir oben gesehen, von
zweierlei Beschaffenheit: Halbweißbrod, etwa 1/5 des Bedarfs,
hauptsächlich für Kranke, und sogenanntes Schwarzbrod, 4/5 des
Bedarfs, das unter Zusatz von 1/12 Roggenmehl aus Weizenmehl
mittlerer Qualität hergestellt wird. Der Bäckerei wird nach jeder
Sitzung, in welcher Unterstützungen beschlossen werden, die zu
liefernde Menge mitgetheilt. Die Lieferung findet statt auf Rechnung
der der Armenverwaltung zustehenden Hälfte an Fruchtpächten aus
den Gütern von St. Marx. Wegen des Brodpreises ist ein besonderes
Abkommen über die Berechnungsweise mit der Verwaltung der Ver=
einigten Hospizien getroffen. Am Schlusse des Jahres wird der ent=
nommene Bedarf und der Preis dafür ermittelt. Der nach Abzug
des ermittelten Betrags noch verbleibende Rest am Guthaben (in der
Regel 10—15000 M.) wird dann der Armenverwaltung in baar
ausgezahlt.

Sonstige Nahrungsmittel pflegen in Form von Gutscheinen im
Werth der Portion Suppe von 8 Pf. auf die Volksküche verabreicht
zu werden. Die Vertheilung solcher Gutscheine hat in den letzten Jahren
eine ganz außerordentliche Ausdehnung erfahren. Es werden bei
anhaltender scharfer Winterkälte an einzelnen Tagen weit über 1000
Bons ausgegeben. In derartigen Zeiten ist es nicht möglich, daß die
Mitglieder des Armenraths die Vertheilung im Einzelnen leiten
oder die Inspektoren solche vorher begutachten, dieselbe wird vielmehr

auf Grund genereller Anweisungen den im Allgemeinen mit den Verhältnissen der Hülfesuchenden bekannten Sekretariatsbeamten der Armenverwaltung überlassen. Wöchnerinnen erhalten besondere Bons auf eine bessere Kost durch Vermittlung der Société de la charité maternelle, welche Gesellschaft von der Armenverwaltung eine jährliche Unterstützung von 800 M. erhält. An Kleidungsstücken werden hauptsächlich Hemden, Strümpfe, Hosen, Blousen, Frauen-Ober- und Unterröcke, sowie Schuhe vertheilt, aber nicht in besonders erheblichem Umfang. Außer dem Schuhwerk, das freihändig angekauft wird, werden sämmtliche Kleidungsstücke den von der Arbeitskommission in das Kleidermagazin gelieferten Vorräthen entnommen.

Die Verabfolgung von Brennmaterial hält sich in mäßigen Grenzen. In besonders kalten Tagen und bei offenbarer Noth ist es wie den Armen-Inspektoren so auch den Armenärzten verstattet, bedürftigen Kranken einen Korb Holz im Werth von 40 Pf. anzuweisen.

Vereinzelt wird Lehrlingen Handwerkszeug geliefert.

In geeigneten Fällen werden für Obdachlose die Kosten der Unterkunft bestritten.

Die Hülfsquellen, aus denen die Armenverwaltung von Straßburg ihre Ausgaben zu decken sucht, sind sehr verschiedener Natur. In vorderster Reihe hierbei stehen die Erträgnisse des halben Antheils an den Gütern des früheren Almosenamts St. Marx, sowie diejenigen aus sonstigem Grund- und Kapitalvermögen. Zu dem Grundbesitz gehören auch eine Anzahl 1883 in dem neuen Stadttheile zwischen St. Aurelien und dem Schirmeckerthor errichtete Häuser, welche zu Wohnungen für arme Leute bestimmt sind. Drei dieser Häuser sind aus den Mitteln des am 13. März 1882 sich mit Zinsen auf 103 742 M. belaufenden Vermächtnisses Gehr erbaut, mit der Bestimmung, aus Straßburg gebürtigen Armen unentgeltlich Unterkunft zu gewähren. Die Zinsen eines Restfonds dieses Legats von 25 000 M. sind bestimmt, um daraus die Unter-

haltung jener Häuser und andere Lasten der Stiftung zu bestreiten.
I andere Häuser sind größtentheils aus einem Kapital von 80000 M.
und den am 31. März 1882 36 389 M. betragenden Zinsen desselben erbaut worden. Letztere Summe hatte das im Jahre 1870 zur
Unterstützung bei der Belagerung geschädigter Einwohner thätige
Comite aus Restbeständen der eingelaufenen Liebesgaben bei seiner
Auflösung dem Armenrath überwiesen. 31 Wohnungen sind in
diesen letzteren Gebäuden gegen einen mäßigen, 1886/87 5957 M.
betragenden Zins vermiethet. Aus dem sonstigen Kapitalvermögen
der Armenverwaltung wurden für diese Häuserbauten 38 300 M.
verwendet.

Andere Einnahmen fließen aus dem Ertrag der Abgaben für
öffentliche Schauvorstellungen, Konzerte, Bälle u. s. w., ferner aus
dem Ertrage der Opferstöcke auf den Friedhöfen und im Stadthause,
sowie aus dem Antheil an den Abgaben für Grabstätten-Konzessionen.
Der alljährlich zu Gunsten der Arbeitscommission stattfindenden
Armenlotterie ist bereits oben gedacht. Besondere Sammlungen in
der Gemeinde, welche bis 1879 mittelst Kollekten von Haus zu
Haus und alsdann durch Subskriptionen stattfanden, werden seit
1884 nicht mehr abgehalten. Dagegen fließen der Armenverwaltung
bei den verschiedensten Veranlassungen Gaben einzelner Wohlthäter
zu, sowohl in Geld wie an Brennmaterial.

Die regelmäßige Bewilligung von Zuschüssen aus der Stadtkasse hat seit 1833 aufgehört.

Die wirklichen Einnahmen der Armenverwaltung ohne Rücksicht auf ihre Bezeichnung als ordentliche, außerordentliche oder Er-
gänzungs-Einnahmen, jedoch unter Hinweglassung der blos durchlaufenden Posten (Ordnungs-Einnahmen) und der Einnahmen aus
Kapitalbewegungen beliefen sich in Mark:

Nachweijung E.

Jahr.	Aus Vermögen nebst Agio:			Abgaben v. Vorstellungen, Konzerten, Friedhofskonzessionen, Ertrag von Wällen, ev. der Opferstöcke, der Lotterie.	Einzelne Gaben, Subskriptionen, Rückerstattungen, Kautionszinse von der Gaßanstalt.	Werth der von der Arbeitskommission gelieferten Kleider, geschenkter Schuhe und Naturalien.	Summa. Spalte 4-7.	Lotterie für Arbeitscommission und israelitische Gewerbeschule.
	von St. Marr.	Anderweit.	Summa.					
1	2	3	4	5	6	7	8	9
1868	49 505	17 909	67 404	26 910	9 868	(3 730 ?)	(107 902)	12 800
1874	74 925	15 328	90 253	22 604	14 664	1 223	128 744	16 800
1880/81	63 834	19 330	83 164	29 002	33 875	4 001	150 042	22 480
1885/86	46 258	25 874	72 432	27 561	11 536	5 967	117 196	27 210
Durchschnittlich	58 630,5	19 518	78 238	26 519	17 486	3 730	125 971	22 011

Unter den Einnahmen der Armenverwaltung ist das Ergebniß der Armenlotterie, soweit dieses der Arbeitskommission übergeben wurde, nur nachrichtlich in Spalte 9 aufgenommen worden, während der Werth der aus dem Ertrage der Lotterie beschafften und der Armenverwaltung überwiesenen Kleidungsstücke Spalte 7 berücksichtigt ist.

Obige Zahlen legen unwiderleglich dar, daß die Einnahmen der Armenverwaltung in den letzten Jahren Rückschritte gemacht haben, während notorisch die Ansprüche an dieselbe schon in Folge des erheblichen Anwachsens der Bevölkerung gestiegen sind. Wenn nun früher schon der Armenrath darauf hindrängte, durch bleibende Zuschüsse der Stadt, wie solche bis in die dreißiger Jahre dieses Jahrhunderts gezahlt wurden, in die Lage zu kommen, dem vorhandenen Elend wirksamer abzuhelfen und für sein ganzes Vorgehen eine feste Unterlage zu gewinnen, so erklärt sich der erneute Antrag auf Bewilligung bestimmter Zuschüsse um so mehr, nachdem sich die Armenverwaltung erst kürzlich vor der Zwangslage sah, Mangels

an Mitteln ev. die Zahlung aller Unterstützungen mitten im Winter
einstellen zu müssen. Für das Zurückgehen der Einnahmen aus dem
Grundvermögen von St. Marx haben wir oben bei der Betrachtung
der finanziellen Lage der Hospizien die Ursache näher erörtert. Im
einzelnen mag hier nur zur Erläuterung vorstehender Nachweise
erwähnt werden, daß im Jahre 1871 die wirkliche Jahreseinnahme
aus dieser Hülfsquelle nur 56679 M. betrug, indem die Differenz
mit obiger außergewöhnlich hoher Summe von 71925 = 18216 M.
sich theils aus einem Saldo des Jahres 1873, theils aus einem
Vorschuß auf das Jahr 1875 ergab. Unter Berücksichtigung dieses
Umstandes sind die Schwankungen in den Einnahmen aus Grund-
und Kapitalvermögen an sich nicht sehr erheblich. Als erfreuliche
Erscheinung ist hervorzuheben, daß die Einnahmen von dem nicht
aus St. Marx herstammenden Vermögen sich gesteigert haben. Es
ist dies theils einer Anzahl von Vermächtnissen, theils dem Miethzinse
der neuerdings erbauten Häuser zu verdanken. Aehnlich den Einnahmen aus Vermögen ist der Ertrag der Armenabgaben im Allgemeinen gerade nicht zurückgegangen, hat aber jedenfalls keine der
Vermehrung der Bevölkerung entsprechende Steigerung erfahren.
Außerordentlich schwankend zeigt sich das Erträgniß der einzelnen
Gaben, Sammlungen, Subskriptionen u. s. w. Die Erklärung
ergibt sich aus dem oben über die Hauskollekten und die Subskriptionen Gesagten. Als man sich mit dem Ergebniß der ersteren, das
sich meist zwischen 4 und 6000 M. bewegte, nicht mehr glaubte
begnügen zu können, ging man unter dem Eindruck des harten
Winters 1879/80 zu namentlichen Subskriptionen über, die anfänglich den größten Erfolg hatten — 1880/81 ertrugen dieselben
noch 25665 M. —, sich aber bald in so rascher Steigerung minder-
ten, daß schon für 1884/85 von der weiteren Einsammlung Abstand
genommen wurde. Ein Ersatz ist bisher nicht an die Stelle getreten;
man müßte dann die Hoffnung auf regelmäßige Zuschüsse der Stadt
als solchen ansehen. Der vermehrte Ertrag der Lotterie hat nur für den
Umfang der Thätigkeit der Arbeitskommission eine Bedeutung.

Von der einschneidensten Bedeutung für den Zweck dieser ganzen Betrachtung ist das Bild, welches die Ausgaben ergeben. Ebenso wie bei den Einnahmen ist in der nachfolgenden Nachweisung F von der Berücksichtigung der durchlaufenden Posten und der Kapital-Bewegungen, ferner aber von den Ausgaben für Sterbfallgebühren, bauliche Einrichtungen und Aehnliches abgesehen worden.

Wir begegnen in nachstehender Nachweisung zunächst einem all= mäligen, aber stetigen Anwachsen der Verwaltungskosten, das von 1868 bis 1885/86 92% beträgt, für die lediglich persönlichen Ausgaben sich aber auf 77% ermäßigt, neben einer Steigerung der Leistungen an Arme um 36,6%. Die Verwaltungskosten überhaupt ohne Rücksicht auf Pensionen und lebenslängliche Renten betragen 1885/86 16,6% der Gesammtausgaben (Spalte 19). Die nach besonderer Bestimmung der Geber verabreichten Unterstützun= gen haben eine höchst erhebliche Steigerung erfahren. Es ist dies zur Hauptsache Vermächtnissen zu verdanken, welche die Mildthätig= keit der Armenverwaltung vertrauensvoll zugewandt hat. Jene Bestimmungen laufen fast durchweg den gewöhnlichen Zwecken des Armenraths parallel und erleichtern daher deren Erreichung ziemlich um den Betrag der aufgeführten Summen.

Die monatlich gezahlten Unterstützungen stufen sich ab je nach dem Alter und der Gebrechlichkeit der betreffenden Personen. 1885/86 haben gegen 500, im Jahresdurchschnitt über 450 Familien oder einzelstehende Personen solche erhalten. Bleibt gegen 1868 auch eine bedeutende Erhöhung bei diesem Posten zu verzeichnen, so hat gegen 1880/81 ein Rückgang stattgefunden, während diejenigen Familien, welche Vierteljahrsgelder erhalten, in fortdauerndem und starkem Anwachsen begriffen bleiben. Es erscheint dies um so an= merklicher, als die in dieser Form gereichten Gaben zugleich in einem weit bedeutenderen Verhältniß gestiegen sind, als der Betrag der Extraunterstützungen, nämlich um das Zehnfache gegen das beinahe

Nachweisung F. — Es verbleiben an Ausgaben:

Jahr	Verwaltungs-Kosten überhaupt	persönliche, einschl. Lotterie.	Pensionen und Renten.	nach besonderer Bestimmung.	Monats Gelder.	Vierteljahrs-Gelder.	Extra Unterstützungen. (a) Betrag (b) Zahl	Verschiedenes.	Summa 5-9.	in Lebensmitteln — Brod. Geldw.rth.	Kilogramm.	Suppenkarten. Geldwerth.	Zahl.	Summa 11 u. 13.	Kleider * und Bettwerk.	Brennmaterial.	Arznei-Kosten.	Summa 10, 15, 16-18.	Auf den Kopf der Civilbevölkerung.	Arbeits-Commission.
1	2	3	4	5	6	7	8 (a)(b)	9	10	11	12	13	14	15	16	17	18	19	20	21
1868.	10 361	9 336	611	701	13 975	253	3 804 / 679	194	19 000	19 365	178 100	797	1 090	20 362	3 610	1 259	11 090	36 353	1,15	12 800
1869/70.	10 396	10 306	536	1 762	19 346	1 552	7 375 / 824	778	19 000	19 630	207 155	3016	9 388	29 353	160	1 030	12 262	41 353	1,34	21 100
1871.	12 967	11 390	536	3 261	24 127	2 586	9 901 / 2 560	778	19 013	19 240	225 260	3 378	8 388	26 353	9 905	4 389	15 628	72 353	1,30	21 100
1872.	13 862	13 390	536	5 096	19 346	1 260	13 361 / 2 735	178	166 931	18 326	261 350	6 889	1 140	650 13	1 729	868	9 689	42 162	1,50	21 100
Durchschnitt.	11 896	11 271	401	4 123	19 365	2 628	6 890 / 1 363	2 324	19 000	19 166	201 065	5 780	77 283	35 653	9 365	1 635	12 960	41 965		19 956

* Hier ist der Werth des aus dem Kleidermagazin abgegebenen Kleidungsstücke eingeschlossen.

Vierfache. Der Armenrath ist augenscheinlich bemüht gewesen, einer immer größeren Zahl von Personen, deren andauernde Hülfsbedürftigkeit keinem Zweifel unterlag, in bleibender Weise zu Hülfe zu kommen, während viele derselben bis dahin auf einmalige Gaben angewiesen waren.

Die Gesuche um einmalige Gaben sind seit 1868 von 479 auf 2735, also fast um das Sechsfache, gestiegen. Bei der Beschränktheit der verfügbaren Mittel müssen sich die Bewilligungen fast ausnahmslos unter dem Maaße des nach der Ueberzeugung der Armeninspektoren und des Armenraths unumgänglich Nothwendigen halten, und sind die Armen daher von vornherein darauf angewiesen, sich noch nach andern Hülfsquellen umzusehen. Die Folge des Mißverhältnisses zwischen den Anforderungen und den verfügbaren Mitteln ist denn auch, daß die durchschnittliche Höhe der einzelnen Gaben stark gesunken ist. Während durchschnittlich 1868 8 und 1871 fast 9 M. auf ein Gesuch gegeben werden konnten, sank dieser Betrag 1880/81 auf 4 M., um 1885/86 wenigstens wieder bis 5,5 M. zu steigen.

Es darf jedoch nicht übersehen werden, daß die Gesammtsumme der in Geld gereichten Unterstützungen (Spalte 10) sich ständig und gegen 1868 um mehr als das Doppelte erhöht hat.

Einen sehr breiten Raum in der Armenpflege nehmen die Brodgaben ein. Durchschnittlich wurden in den Jahren, für welche unsere Nachweise Auskunft ertheilt, 200 000 kg. ausgegeben. Im Jahre 1885/86 wurde der Durchschnitt nicht völlig erreicht (— 2,8 %), während solcher in den Jahren 1871 und 1880/81, in letzterem um 11,1 %, überschritten wurde; dagegen war die Ausgabe von Brod 1885/86 um 10,1 % höher wie 1886. Während die Schwankungen in der Höhe der Brodvertheilung sich in immerhin mäßigen Grenzen bewegen, sind die Schwankungen im Werthbetrage des Brods recht bedeutend. Die mit den Getreidepreisen stark gesunkenen Brodpreise haben es 1885/86 ermöglicht, mit einem um fast 31 % geringeren Geldbetrage wie 1868 eine um mehr als 10 % höhere Menge

Brod zu liefern. Das Kilogramm Schwarzbrod kostete 1868: 27.7, 1871: 29,5, 1880 81: 23, 1885 86: 17 Pf.; demnach 1871: 170,5 % mehr wie 1885 86. Daraus folgt, daß eine Brodvertheilung in gleicher Höhe, wie solche für 1885/86 erfolgt ist, unter der Herrschaft der Preise von 1871 und abgesehen von dem Umstande, daß mit den Preisen von 1871 auch die Einnahme aus Pächten eine wesentliche Vermehrung erfahren hätte, eine Mehrausgabe von 21075 M. erfordert haben würde, also einen namhaft höheren Betrag als die Gesammtsumme der 1885/86 vertheilten vierteljährlichen und Extra Unterstützungen.

Suppenkarten wurden vor 20 Jahren und noch im Jahre 1868 nur an arme Wöchnerinnen für je 10 Tage vertheilt. Die Einrichtung der Volksküche, die Möglichkeit, Bedürftigen aus dieser gegen einen mäßigen Preis nahrhafte Speisen zu verschaffen, die größere Bürgschaft bei der Ausgabe von Suppenkarten gegen Mißbrauch wie bei Geldgaben, das starke Anwachsen der fluktuirenden Bevölkerung und der Zwang, in Zeiten längerdauernder Arbeitslosigkeit die Armen wenigstens vor dem nackten Hunger zu schützen, haben zu einer sich in den letzten Jahren außerordentlich steigernden Ausgabe von Suppenkarten geführt und derselben nach und nach eine Ausdehnung gegeben, daß in der schlimmsten Zeit eine ausreichende Kontrole bei der Verabreichung fast unmöglich ist. Von 22 132 im Jahre 1880/81 stieg die Zahl der Suppenkarten 1883/84 schon auf 88 700, im folgenden Jahre auf 101 838, um sich 1885 86 mit 198 140 gegen das Vorjahr fast zu verdoppeln.

Die Verwendungen der Arbeitskommission haben in den Spalten 16 und 19 eine Berücksichtigung nur insoweit gefunden, als der Werth der von ihr an die Kleiderkammer der Armenverwaltung und von dieser in dem betreffenden Jahre an Arme abgegebenen Kleidungsstücke in Anschlag gebracht ist.

Zu den 6 Jahren 1880/81 bis 1885/86 hat sich der Werth der von der Arbeitskommission an die Armenverwaltung abgegebenen Kleidungsstücke zwischen 3816 und 11991 M. bewegt, durchschnittlich aber 7 281 M. betragen, während der Werth der an Vereine vertheilten Kleidungsstücke zwischen 8 164 und 11 389 M. wechselte und sich durchschnittlich auf 11 561 M. belief.

In Rücksicht wären hier noch zu ziehen die von der Arbeits-kommission an Näherinnen u. s. w. gezahlten Löhne. Diese haben 1868: 8 744 M., 1874: 11 221 M., 1880/81: 4 319, 1885/86: 5 536 M. betragen. Die Löhne sind heruntergegangen, weil die Verarbeitung von Hanfzeug im Verhältniß zu den Ankaufskosten fertiger Cretonne-Hemden etc. einen zu großen Aufwand verur-sachte und weil jene Kommission auf Ansammlung eines Betriebs-fonds glaubte Bedacht nehmen zu müssen.

Im Laufe der Jahre hat sich die Vertheilung von Schuhwerk und dem Kleidermagazin entnommener Kleidungsstücke bedeutend vermehrt, während die Vertheilung von Brennmaterial entsprechend dem mehr oder minder kalten Winter schwankte. Bei den Arzneikosten fällt die beträchtliche Minderausgabe in 1885/86 auf. Diese hatte in generellen Anordnungen des Armenraths ihren Grund, der größere Sparsamkeit namentlich in der Verschreibung gewisser Stärkungsmittel den Aerzten hatte empfehlen müssen.

Die Gesammtsumme der Aufwendungen für Arme ist zwar seit 1868 nicht unerheblich und um ein Geringes auch noch seit 1874 gestiegen, im Vergleich mit 1880/81 aber 1885/86 gefallen. Im Verhältniß zu der Zahl der Civilbevölkerung zeigt sich die Abnahme sogar schon gegen das Jahr 1871.

Der Rückgang in den Leistungen der Armenverwaltung gleicht sich übrigens einigermaßen aus, wenn man in Anschlag bringt, daß 1885/86 mit einer gegen 1874 und 1880/81 um 44,2 bezw. 35 % geringeren Geldausgabe nur um 5 bezw. 11 % niedrigere Brod-reichungen erfolgt sind, während der Werth der übrigen Leistungen der Armenverwaltung sich gegen dieselben Jahre um 61,3 bezw. 21,2 % gehoben hat.

Den Leistungen der Armenverwaltung sind endlich noch hin-zuzurechnen der Werth der 19 Wohnungen, welche unentgeltlich

an arme Familien in den 3 aus dem Gehr'schen Vermächtniß
errichteten Häusern abgegeben sind.

Bevor wir darlegen, wie die großen Lücken, welche die Armen=
verwaltung in der offenen Armenpflege mangels an Mitteln nicht zu
schließen vermag, mehr oder minder ausgefüllt werden theils durch
bescheidene Leistungen der Stadtgemeinde Straßburg, theils durch
die Heranziehung auswärtiger Gemeinden und endlich durch die
ausgedehnten Bemühungen einer langen Reihe privater Wohl=
thätigkeitsanstalten, und bevor wir auf die Gesammtleistungen der
öffentlichen Armenpflege in Straßburg unter Vergleich mit den=
jenigen in ähnlich großen Städten einen Blick werfen, mögen hier
einige statistische Nachrichten über die Zahl, den Familienstand,
sowie die Abstammung der von der Armenverwaltung Unterstützten
Platz finden.

In Nachweisung 6 ist die Zahl der Unterstützten getrennt nach
dem Familienstande für eine Reihe von Jahren zusammengestellt.
Für die ersten Jahre beschränkten sich die Nachrichten auf die mit
Brod unterstützten Personen. Deren Zahl fällt jedoch ziemlich
zusammen mit der Zahl der regelmäßig Unterstützten. Unterschieden
ist zwischen a) Selbstunterstützten d. h. Einzelstehenden oder Fami=
lienhäuptern, welche Gaben erhalten haben, und b) den Ehefrauen
Letzterer. Nachrichten über die Kinder bezw. sonstige Familien=
angehörige unterstützter Personen haben leider nur für wenige Jahr=
gänge beschafft werden können; diejenigen Personen, welche nur
vorübergehend Unterstützungen in der Gestalt von Gutscheinen für
Nahrungsmittel oder Obdach oder von kleinen einmaligen Geldgaben
erhalten haben, sind nicht berücksichtigt; 1885/86 betrug deren Zahl
etwa 600.

Von 1875 bis 1880 findet eine Zunahme der Selbstunter=
stützten um mehr als 50 % statt, die dann bis 1885/86 ziemlich um
denselben Betrag wieder zurückgehen. Die Schwankungen in dem Fa=
milienstand der Unterstützten sind im Allgemeinen nicht erheblich.

Nachweisung G.

		Es wurden mit Brod unterstützt				Es wurden in offener Armenpflege unterstützt											Bemerkungen.
		1862	1864	1866	1872	1875	1876	1877	1878	1879/80	1880/81	1881/82	1882/83	1883/84	1884/85	1885/86	Die bezüglichen Zahlen für den einzelnen Familienstand bewegen sich nach Prozenten in den Grenzen von
Selbstunterstützte	Ehemänner	781	689	631	591	1053	1242	1374	1683	2251	1776	1620	1706	1465	1288	1251	38,2 — 45,2 (70,90 : 30,2)
	Wittwer	185	104	107		211	210	211	246	292	245	246	309	250	270	250	6,5 — 9
	Wittwen	963	773	777	1305	978	1023	1094	1210	1308	1255	1294	1238	1294	1048	950	24,3 — 35,6
	ledige Personen (darunter Lehrlinge)	612 (215)	573 (181)	447 (154)	(100)	412	428	408	453	504	568	538	488	350	339	288	10 — 15
	verlassene Frauen, getrennt lebende Gatten	105	90	102		101	96	103	110	119	98	111	113	102	106	58	2,4 — 3,7
	Summa	2616	2128	2061	2196	2755	2889	3214	3722	4465	4032	3962	3911	3880	3031	2882	
	Ehefrauen	781	688	631	591	1053	1212	1374	1683	2251	1776	1620	1706	1465	1288	1251	
	Angehörige	?	?	?	2253	?	?	?	?	?	5700	5382	5382	5980	5578	5584	
	Summa	—	—	—	5052	—	—	—	—	—	11588	9961	11162	10765	8877	9417	Für die Jahre, in welchen Volkszählungen nicht stattgefunden haben, sind für die Einwohnerzahl Schätzungsziffern angenommen worden.
	Auf Civil-Einwohner einer Selbstunterstützter	?	35,5	36,8	36,1	31	34,1	27,6	24,5	20,8	23,6	24,9	24,8	21,4	33	35,2	
	Unterstützter	—	—	—	15,8	?	—	—	—	—	8,3	9,7	8,5	9,2	11,3	10,8	

Ueber die Abstammung der Unterstützten sammt deren Ehefrauen sind folgende Mittheilungen zu machen:

Nachweisung H.

		1862		1869		1872	
		Zahl.	%	Zahl.	%	Zahl.	%
Geborene Franzosen	Aus Straßburg	150	11.2	1041	40.1	1071	39.0
	Nicht aus Straßburg	1619	67.2	1390	54.9	1402	50.9
Fremde		255	8.6	215	8.0	302	10.1
Summa		3127	100	2846	100		

	1875		1876		1877		1878		1879 80		1880 81		1881 82		1842 83		1843 84		1884 85		1885 86	
	Zahl.	%	Zahl.	%	Zahl.	%	Zahl.	%	Zahl.	%	Zahl.	%	Zahl.	%	Zahl.	%	Zahl.	%	Zahl.	%	Zahl.	%
Aus Straßburg	1316	34.5	1111	36.0	1315	33.0	1778	32.9	1673	34.3	1305	30.5	1777	30.6	1983	31.0	1021	30.3	1893	30.9	1365	31.0	1212	31.2
Aus Elsaß-Lothringen	10.9		2962	28.6	785	18.1	829	17.0	3095	16.2	2830	15.7	2198	15.6	2355	15.1	2288	17.2	3065	17.6	2883	17.3		
Aus den übrigen deutschen Ländern	510	13.6	602	14.2	725	15.8	888	17.2	1076		505	16.2		299			127	21.2	130	22.1		20.1	225	19.0	710	
Aus andern Ländern	120	3.2	131	3.3	111	3.1	150	3.0	188	2.8	163		128		121	2.2	139	2.3	81	1.8	111	2.6	69	1.5
Summa		100		100		100		100		100		100		100		100		100		100		100		100

In der Rubrik „aus Straßburg", Nachweisung II, sind nur die in Straßburg Geborenen aufgeführt. Die Schwankungen in den Zahlen für die einzelnen Kategorien in dem Zeitraum von 1875 bis 1885/86 sind nur bei den „dem übrigen deutschen Reich" Angehörigen von Erheblichkeit. Im Allgemeinen hat eine Zunahme derselben stattgefunden, die in der Wirkung der Einwanderung ihre natürliche Erklärung findet. Für die letzten Jahre war wieder ein merkliches Zurückgehen dieser Kategorie zu verzeichnen, verbunden mit einer Zunahme der Prozentzahl der aus Straßburg, namentlich aber der aus Elsaß-Lothringen stammenden Unterstützten. Eine Erklärung für diese Erscheinung kann nicht gegeben werden, wenn sie nicht darin liegen sollte, daß der Armenrath bei seinen beschränkten Mitteln zu einer schärferen Prüfung des Unterstützungswohnsitzes übergegangen sein sollte.

Böhmert macht in seinen Mittheilungen aus der Armenstatistik von 77 deutschen Städten hinsichtlich der Abstammung folgende Angaben (a. aus 76, b. aus 74 Städten):

	Geboren am				Summa.
	Zählort.	im Heimaths- land.	im übrigen Deutschen Reich.	außer dem Deutschen Reich.	
a. Selbstunterstützte.	38,50	51,10	9,34	1,06	100
b. Am Zählort Unter- stützungsberech- tigte	44,06	49,12	6,36	0,46	100

Hinsichtlich des Bekenntnißstandes sind in Straßburg seit
1881 keine Aufzeichnungen mehr gemacht worden. In dem Zeitraum von 1875 bis 1880/81 waren unter den Unterstützten 65 %
Katholiken, 34,2 % Protestanten und 0,7 % Israeliten.

Wie im Eingang bereits erwähnt, ist die Gemeinde als solche
und deren politische Vertretung nicht der Träger der öffentlichen
Armenpflege. Es sind dies vielmehr besondere Korporationen, nämlich der Armenrath und die Hospizverwaltung, deren Zusammenhang
mit der Gemeinde sich jedoch darin kund thut, daß: 1. der Bürgermeister geborener Präsident dieser beiden Körperschaften ist — ohne
jedoch regelmäßig von dieser Stellung Gebrauch zu machen, — 2.
die Gemeinde über gewisse Beschlüsse dieser Körperschaften gehört
werden muß und 3. die Gemeinde-Vertretung Zuschüsse an diese
bewilligen kann — was in Straßburg seit mehr denn 40 Jahren
nur vereinzelt geschehen ist. Dennoch sind eine ganze Reihe von
Leistungen der Stadtgemeinde Straßburg aufzuzählen, welche
wesentlich in das Gebiet der Armenpflege einschlagen. Theils
beruhen diese auf gesetzlichen Verpflichtungen wie die Betheiligung
an der Versorgung der Irren und der unterstützten Kinder, theils
auf Verpflichtungen, die zwar mehr polizeilicher Natur sind, aber
doch auch Zwecken der Armenpflege dienen, wie die Bestellung von
Kantonal bezw. Impfärzten, theils in besonderen örtlichen Verhältnissen, z. B. die Kliniken. Lediglich als Akte der Wohlthätigkeit
können nur die nachstehend unter Nr. 5, 7, 9 und 10 aufgeführten
Ausgaben bezeichnet werden.

Die Ausgaben der Stadt für Armenzwecke betrugen nach den Rechnungen für

	1880/81 M.	1885/86 M.
1. Kantonalärzte	6892	7015
2. Unterstützte Kinder	4717	6118
3. Irre (Stephansfeld und Spital) .	12161	11916
4. Pfründnerinnen in der Anstalt der armen Schwestern . . .	8731	4563
5. Erziehung blödsinniger Kinder .	1157	1731
6. Heimschaffung unbemittelter Fremden	—	305
7. Unterstützung von Wöchnerinnen .	560	560
8. Beitrag zu den Kosten der		
a) Poliklinik	1200	1200
b) Spitalklinik (für Geburtshülfe und Chirurgie) . . .	3270	3270
c) Klinik für Syphilitische . .	3000	3000
9. Taubstumme	6121	4361
10. Unterstützungsgelder zur Verfügung des Bürgermeisters . .	1200	1200
11. Verschiedenes	213	157
Summa . . .	49522	48359

Die Ausgaben unter Nr. 8 sind bei den Einnahmen des Spitals eingerechnet. 48359 M. macht 48 Pf. auf den Kopf der Bevölkerung! — Mittelbar tritt die städtische Verwaltung ferner in die Fürsorge für Dürftige ein, indem dieselbe einerseits eine Anzahl wenig arbeitsfähiger Personen regelmäßig bei der Straßenreinigung beschäftigt, andererseits öfters zur Winterszeit,

4

Nachweisung J.

Lfde. Nr.	Bezeichnung.	Zweck.	Anzahl der Pfleglinge.	davon Straßburger.	Jährliche Verwendungen.	Bemerkungen.
		a) Katholische Anstalten.				
1	Congregation der barmherzigen Schwestern von St. Vincenz de Paula (St. Barbarakloster).	Waisenhaus	120 Waisen	27 Waisen	?	meist unentgeltliche Aufnahme.
2	Congregation der kleinen Schwestern der Armen	Aufnahme alter erwerbsunfähiger Personen christlicher Confession . .	150	23 Männer 22 Frauen	?	desgl.
3	Kloster zum Kinde Jesu in Neudorf .	Erziehung armer kath. Waisenmädchen	60	10	?	meist unentgeltliche Aufnahme.
4	St. Joseph	Suppenanstalt des Vincenz = Vereins u. s. w. (Vergl. Nr. 5.)	?	?	?	—
5	Verein des heil. Vinzenz de Paula	Unterstützung armer Familien: a) Herrenverein; b) Damenverein.	a) 300 b) 60	? ?	1 600	— —
6	Verein zur Versorgung armer und verlassener kath. Kinder . .	Unterbringung von Kindern in Familien auf dem Lande . .	30	30	?	—
7	Frauenverein in Ruprechtsau . .	Unterstützung armer Familien und Schulkinder . .	?	?	6—700	—
		b) Evangelische Anstalten.				
8	Diakonissen-Anstalt . . .	a) Mägdebildungsanstalt . . . b) Krippe . . . c) Verpflegung armer Kranker in ihren Wohnungen.	35 25. ?	? ? ?	? ? ?	— —

9) Erziehungsanstalt (Rettungshaus) Neuhof.	Aufnahme verwahrloster Kinder beiderlei Geschlechts.	81	?	?
10) Protestantische Privat-Armenanstalt	Unterstützung verschämter protestantischer Armen	392	?	10 000
11) Gesellschaft der Armenfreunde .	Unterstützung armer Familien mit Naturalien.	60	?	1 000-1 400
12) Blessig-Stiftung.	Erziehung und Berufsbildung armer Kinder durch Unterbringung in Familien	?	?	6 300
13) Evangelischer Verein zur Versorgung armer Kinder	Unterstützung verwahrloster Kinder durch Unterbringung in Familien	118	86	12 158
14) Diakonat Thomano.	Wie ad 11	37	?	800-1000
c) Israelitische Anstalten.				
15) Hospiz Eliza.	Aufnahme von alten und gebrechlichen Israeliten.	15—18	5	?
16) Israelitisches Waisenhaus	Aufnahme verwaister israel. Mädchen	25	4	?
17) Société de bienfaisance des dames israélites	Unterstützung von Kranken, Greisen und Wöchnerinnen	?	?	?
d) Zwischenkonfessionelle Anstalten.				
18) Verein zur Versorgung armer Wöchnerinnen	Unterstützung (seit 5 Jahren in Straßburg wohnender Wöchnerinnen mit Geld und Naturalien.	5—600	—	—
19) Vaterländischer Frauenverein	Armenunterstützung aller Art	?	?	8 500
20) Militär-Frauenverein	Linderung der Noth in Militärfamilien	—	—	—

wenn der Bedarf an Taglöhnern ein verschwindender geworden ist, durch Schneeschöpfen und ähnliche Arbeiten vielen Dürftigen lohnende Beschäftigung gibt.

Endlich ist die Stadtverwaltung thätig auf dem Gebiete der Armenpflege durch die Vermittlung der Fürsorge für die zahlreichen zugewanderten Personen aus dem Deutschen Reich, welche sich nicht haben naturalisiren lassen und in Straßburg dauernd hülfs= bedürftig geworden sind — in Fällen vorübergehender Noth tritt hier, wie wir oben gesehen, die Armenverwaltung ein. Um Härten zu vermeiden, pflegt überall von der Zurückweisung solcher Personen in die Heimath abgesehen zu werden, wegen deren auf Antrag des hiesigen Bürgermeisteramtes die auswärtigen Armen= verbände sich dazu verstehen, die als nothwendig erkannten und beantragten Unterstützungen zu zahlen. An derartigen Unterstützungen wurden durch Vermittlung der Armen=Verwaltung im Jahre 1885/86 27 215, im Jahre 1886/87 31 195 M. gezahlt und zwar in letzterem an 167 Selbstunterstützte mit 781 Angehörigen, zusammen 1051 Köpfe; also 188,6 M. auf jeden Selbstunter= stützten und 30 M. auf den Kopf. Es pflegen für Familien mit 2 bis 3 unselbständigen Kindern monatlich 10 bis 12 M., für größere Familien 20 ja bis 30 M. gefordert und bewilligt zu werden.

An dieser Stelle mag auch noch hingewiesen werden auf die nicht unbeträchtlichen Summen, welche Seitens der politischen Behörden der Hauptstadt zur Unterstützung dürftiger Einwohner Straßburgs verwandt werden.

Der Privatwohlthätigkeit bleibt immer noch ein mehr denn großes Feld der Thätigkeit. Diese Wohlthätigkeit ist in der That auch ebenso vielseitig, wie umfassend; sie fragt in der Regel weder nach Abstammung, noch nach Unterstützungs=Wohnsitz, weder nach Alter noch Geschlecht.

Wenn einzelne Institute auch lediglich für Konfessions= verwandte eintreten, so stehen andere wieder den Angehörigen aller

Bekenntnisse offen. Eine Aufzählung der bezüglichen Anstalten und ihrer Zwecke, soweit diese sich auf Armenpflege beziehen, möge man aus vorstehender Nachweisung J (S. 50 u. 51) für 1885/86 ersehen.

Außer diesen Anstalten existiren Frauenvereine in sämmtlichen Pfarreien zur Unterstützung nothleidender Pfarrgenossen.

Läßt es sich nun schon nicht in bestimmten Ziffern ausdrücken, welche Werthe den Armen Straßburgs durch Privatwohlthätigkeits-anstalten zugehen, so fehlt naturgemäß jede Schätzung dafür, was der Einzelne zur Linderung der Noth seiner Mitbürger thut. Es ist dies keineswegs ein Geringes. Damit ist aber nur ein Beweis mehr dafür geliefert, daß Noth vorhanden, daß dieselbe groß ist und daß es an der erforderlichen Abhülfe fehlt. Daß diese Noth auch innerhalb des Gebiets liegt, welches nach altem Herkommen und auf Grund der bestehenden Gesetzgebung als der öffentlichen Armenpflege in Straßburg angehörig betrachtet wird, ist schon mehrfach hervorgehoben worden.

Der Zweck der öffentlichen Armenpflege in Straßburg dürfte wohl dahin bestimmt werden, denjenigen Personen, welche selbst oder durch ihre Angehörigen unverschuldet in Noth gerathen sind und Unterstützung in Anspruch nehmen und a) hier einen Unterstützungs-wohnsitz haben, b) letzteren zwar nicht erworben haben, aber seit längerer Zeit hier wohnen und durch besondere Unfälle vorüber-gehend hülfsbedürftig geworden sind, der Art zu Hülfe zu kommen, daß dieselben mit Hinzurechnung der eigenen Hülfsmittel den nothdürftigen Lebensunterhalt haben und bald möglichst wieder zu wirthschaftlicher Selbständigkeit gelangen, vor allen Dingen aber nicht genöthigt sind, trotz der Gaben der Armenverwaltung, zur Fristung des Lebens weitere Hülfe in Anspruch zu nehmen, mit anderen Worten zu betteln.

Innerhalb der geschlossenen Armenpflege ist nun im Allge-meinen völlig ausreichend für die Erfüllung jener Zwecke gesorgt;

innerhalb der offenen Armenpflege ist dies aber heutzutage nicht der Fall.

Der Armenrath erklärt in der Einleitung zu der Verwaltungs-rechnung für 1885/86, datirt vom 29. Dezember 1886, öffentlich, daß die in Geld bewilligten Unterstützungen, trotz deren starkem Anwachsen, anscheinend ohne Wirksamkeit bleiben, daß die verabreichten Unterstützungen in den meisten Fällen der Lage der Bittsteller nicht entsprechen und daß man der Nothdurft Abhülfe zu leisten außer Stande sei. Also von kompetentester Seite, dem Armenrath, wird unge-schminkt zugestanden, daß den unabweislichsten Bedürfnissen der in sein Thätigkeitsbereich fallenden Armen mit den verfügbaren Mitteln der Armenverwaltung nicht abzuhelfen sei. Niemand wird gegenüber dem Bewußtsein der Mitglieder des Armenraths von ihrer verant-wortlichen, seit langen Jahren innegehabten Stellung an diesem Ausspruch deuteln dürfen.

Dieser Ausspruch findet auch vollste Bestätigung bei einem Vergleich dessen, was in Straßburg und was in anderen Städten Seitens der öffentlichen Armenpflege geleistet wird.

Zu diesem Vergleiche sollen einige größere niederrheinische Städte, nämlich Crefeld, Düsseldorf, Elberfeld und Köln, heran-gezogen werden, deren Verwaltungen bereitwilligst die benöthigten Nachrichten mitgetheilt haben. Zu bedauern ist nur, daß für die Aufstellung der Armenstatistik wenigstens innerhalb der größeren Gemeinden des Deutschen Reichs nicht nach gleichen Grundsätzen verfahren wird, so daß sich verhältnißmäßig wenig Vergleichspunkte gewinnen lassen.

Bereits im Eingang ist darauf hingewiesen worden, wie der Bürgermeister von Straßburg in der dort erwähnten Denkschrift für den Gemeinderath darauf hingewiesen hat, daß die Leistungen der Stadt für die öffentliche Armenpflege hinter demjenigen, was die anderen größeren Stadtgemeinden im Elsaß für diese aufbringen, weit zurückbleiben. Diese Leistungen betragen in Straßburg nur

0,48 M. auf den Kopf der Civilbevölkerung, dagegen z. B. in Mülhausen mehr als 2 M., also über das Vierfache. Es wäre dies ja an sich ganz gut, wenn es in Straßburg weniger Bedürftige gäbe oder wenn aus anderen als Gemeindemitteln ausreichend gesorgt wäre. So liegt die Sache aber nicht.

Dr. Böhmert macht in seiner werthvollen Schrift über das Armenwesen in 77 deutschen Städten mit 4 156 186 Einwohnern für das Jahr 1880/81 folgende Angaben: Für 72 dieser Städte führt er die Armenziffer, d. h. das Verhältniß der in öffentlicher Armenpflege unterstützten Einwohner, zu der Zahl sämmtlicher Einwohner auf. Je kleiner eine Stadt, je geringer pflegt die Armenziffer zu sein. Es werden durchschnittlich von 100 Einwohnern in Städten unter 20 000 Seelen 4,75, in Städten von 20—50 000 Seelen 5,02, in Städten von 50—100 000 Seelen 6,39, in Städten über 100 000 Seelen 6,51 Köpfe unterstützt. Es schwankt die Armenziffer in den behandelten Städten von 1,64 bis 10,70 und beträgt durchschnittlich 5.86. Straßburg nimmt bei 10 645 Unterstützten mit 10,19 die zweithöchste Stelle ein, obschon für Straßburg im Unterschied mit den übrigen Städten nur die in offener Armenpflege Stehenden gezählt sind. Rechnet man letzteren die in geschlossener Armenpflege Unterstützten mit etwa 1500 zu — im Durchschnitt von 72 deutschen Städten fallen nach Böhmert auf 100 Unterstützungsfälle 61,13 der offenen, 38,87 der geschlossenen Armenpflege —, so steigt die Armenziffer für Straßburg auf fast 12 %. Dies Verhältniß wird noch ungünstiger, wenn wir die Zahl der in offener Armenpflege Unterstützten gemäß der Angaben der Armenverwaltung zu 11 538 statt 10 645 annehmen.

Straßburg hatte jedenfalls 1880/81 bei weitem die höchste Armenziffer von jenen 72 Städten.

Betrachten wir nun vergleichsweise, wie viele Unterstützungsbedürftige in jenen 4 Städten und Straßburg vorhanden, was überhaupt und was für den Einzelnen die offene und die geschlossene

Armenpflege dort leisten und wie viel dafür aus städtischen Mitteln aufgebracht wird.

Es standen 1885/86 (in Elberfeld 1884/85) in Armenpflege:

Nachweisung K.

Lfd. Nr.	Stadt	Civil-Bevölkerung 1. Dzb. 1885.	in offener				Summa		in geschlossener.
			Selbst-unterstützte		Angehörige derselben				
			überhaupt	im Jahres-Durchschnitt	überhaupt	im Jahres-Durchschnitt	überhaupt	im Jahres-Durchschnitt	
1	2	3	4	5	6	7	8	9	10
1	Crefeld	90147	?	1076	?	2115	?	3195	436
2	Straßburg . .	101565	2882	?	6535	?	9417	?	1568 darunter 263 unterstützte Kinder, 12 Taubstumme u. 35 Pfleglinge v. Lovisa.
3	Elberfeld . .	103200	1556	826	3062	1317	4608	2143	1053
4	Düsseldorf . .	112500	?	1062	?	2312	?	3374	1005
5	Cöln	155647	3526	?	?	?	?	?	1940 darunter 340 in Familien untergebrachte Kinder.

Dem aufmerksamen Leser werden diese Zahlen wiederum den Beweis liefern, wie sehr die Armenziffer in Straßburg diejenige der anderen Städte übertrifft.

Nachweisung L. Es betrugen die Armenausgaben für 1885/86:

Lfde Nummer	Stadt	Civil-bevölke-rung.	Allge-meine Verwal-tungs-kosten.	Kranken-haus.	Pflege-häuser und Konvent.	Waisen-haus und Pflege-kinder.	Irre.	Offene Armen-pflege ein-schließlich Stiftungen.	Summa 4—9	Zuschüsse der Stadt-kasse.	Ausgabe über-haupt.	Auf den Kopf der Bevölkerung.		
												a) in geschlos-sener Armen-pflege.	b) in offener Armen-pflege.	Zu-schüsse.
1	2	3	4	5	6	7	8	9	10	11	12	13	14	15
1	Crefeld	90 117	9 780	86 110	27 130	39 380	17 000	221 735	400 165	311 303	4,44	1,80	2,56	3,35
2	Straßburg	101 464	163 593			108 449			887 347	14 069	8,81	6,09	1,18	0,58
3	Elberfeld	103 490	16 585	113 229	55 006	91 690	25 910	239 310	545 810	249 064	5,29	2,91	2,32	2,41
4	Düsseldorf . . .	112 500	12 075	57 846	86 307	35 251	21 550	184 788	393 067	253 323	3,52	1,77	1,60	2,35
5	Cöln . .	155 667	46 398	384 163	119 927	137 892	130 658	520 867	1 339 892	790 633	8,74	3,96	3,35	5,09

Die Betrachtung vorstehender Nachweisen in Verbindung mit Nachweisung F führt zu einer Reihe interessanter Ergebnisse.

Ausweislich der Nachweise F (Spalte 6, 7, 8 und 11) entfällt in Straßburg 1885/86 auf den Kopf jeder der in offener Armenpflege 9 117 unterstützten Personen ein Betrag von 8 M. jährlich. Dabei konnte eine große Anzahl Armer überhaupt nicht nach Bedürfniß unterstützt, mußte vielmehr ohne Rücksicht auf letzteres mit kleinen einmaligen Gaben oder mit Suppenkarten abgefertigt werden. In Elberfeld kamen 1884/85 auf jeden Unterstützten, ohne Rücksicht darauf, ob die Unterstützung eine dauernde oder vorübergehende war, 29,1, auf jeden Selbstunterstützten 80,9 M. Es erhielt demnach jeder Unterstützte fast den 4fachen Betrag wie in Straßburg; mithin ein ganz ähnliches Ergebniß wie wir oben für die in Straßburg auf Kosten anderer Armenverbände Unterstützten ermittelt hatten.

Es kommen ferner auf jeden im Jahresdurchschnitt Unterstützten 1884/85 in Elberfeld 62,6, auf jeden Selbstunterstützten 162,4, ebenso 1885/86 in Crefeld 55,6 bezw. 165, in Düsseldorf 31,3 bezw. 99,5, in Cöln auf jeden Selbstunterstützten 106 M.

Für Crefeld, Düsseldorf und Cöln kennen wir nun entweder nur die Zahl der im Durchschnitt des Jahres Unterstützten, d. h. die Ziffer, auf welche die Zahl der Unterstützten sich verringert, wenn jeder thatsächlich Unterstützte nur mit einem solchen Bruchtheil in Rechnung gesetzt wird, als er Theile des Jahres unterstützt worden ist — also beispielsweise wer durch das ganze Jahr unterstützt wurde mit 1, wer durch 3 Monate unterstützt wurde mit ¼ u. s. w. — oder es fehlt eine Angabe über die Zahl der Angehörigen der Selbstunterstützten. Jedenfalls ergibt sich aus einem Vergleich der gleichwertigen Angaben für Elberfeld und Straßburg einerseits, sowie für Elberfeld und den übrigen Städten andrerseits, daß selbst in Düsseldorf und Cöln, wo auf den Kopf der im Jahresdurchschnitt Unterstützten die geringsten Beträge kommen, diese doch noch mehr denn doppelt so hoch sein müssen wie in Straßburg. Dies Ergebniß

wird in anderer Weise wieder bestätigt, wenn wir sehen, was nach
Spalte 13 in Nachweisung L an Unterstützungen in offener Armen=
pflege auf jeden Kopf der Bevölkerung kommt. Auch hier nimmt
Straßburg die niedrigste Stelle ein; Cöln leistet fast 3 mal so viel,
Crefeld und Elberfeld etwa das doppelte und Düsseldorf immer
noch ein starkes Dritttheil mehr. — Ganz andere Ergebnisse zeigen
sich dagegen für die geschlossene Armenpflege. Hier steht Straßburg
obenan, läßt selbst Cöln hinter sich zurück und übersteigt die bezüg=
lichen Beträge für Crefeld und Düsseldorf um mehr als das Drei=
fache. Es gibt dies einen neuen Beleg für unsere früheren Angaben
über die breite und ausgiebige Fürsorge Straßburg's für die in
Anstalten untergebrachten Pfleglinge.

An dieser Thatsache wird zur Hauptsache auch nichts durch die
Erwägung geändert, daß das Spital durch sein Verhältniß zur
Universität zu großen Aufwendungen genöthigt ist und namentlich
eine große Zahl auswärtiger Kranken herbergt, und daß ferner die
Grenze zwischen geschlossener und offener Armenpflege stets eine
schwankende ist, je nachdem in einem Orte eine größere oder
geringere Zahl von geschlossenen Anstalten zur Aufnahme von
Kranken, Waisen, Siechen u. s. w. vorhanden ist.

Die prozentualisch bedeutendste Differenz ergibt Spalte 15.
Während in den übrigen 4 Städten Seitens der Gemeindekasse auf
den Kopf der Bevölkerung 2,26 M. bis 5,09 M., durchschnittlich
3,44 M. — welch letzterer Betrag nach anderweiter Erfahrung mit
den Leistungen einer großen Reihe von Städten mittlerer Größe
im Regierungs=Bezirk Düsseldorf übereinstimmt — an Zuschüssen
geleistet werden, kommen in Straßburg nur 0,18 M. auf den Kopf,
also der siebente Theil. Die Stadtgemeinde Straßburg leistet
demnach vergleichsweise ein äußerst Geringes für Zwecke der
Armenpflege.

Wir stehen am Ende unserer Betrachtung. Die Unterlagen für dieselbe sind nicht völlig einwurfsfrei, weil sie im Einzelnen der wünschenswerthen Vollständigkeit und Gleichmäßigkeit entbehren. Jedenfalls wird das Ausgeführte aber dazu dienen, die Bürgerschaft Straßburgs und deren Vertreter über die bestehenden, von der großen Mehrzahl wenig gekannten einschlägigen Verhältnisse aufzuklären. Auch muß hinreichend festgestellt erscheinen, daß, soweit vergleichbares Material zur Verfügung stand,

1. Straßburg die höchste Armenziffer hat unter sämmtlichen Orten, für welche Angaben zur Verfügung stehen,

2. In Straßburg auf dem Gebiete der geschlossenen Armenpflege nach jeder Richtung ungewöhnlich viel, auf dem Gebiete der offenen Armenpflege in gleichem Maße wenig geschieht,

3. Die Lösung der Aufgaben der Armenpflege in Straßburg durch die geringfügigen Zuschüsse der Gemeindekasse für diesen Zweck wesentlich beeinträchtigt wird.

Wir haben uns an eine nüchterne Betrachtung der Thatsachen gehalten und jede Kritik vermieden, auch von einer Darstellung der im Wesentlichen übereinstimmenden Einrichtungen der Armenpflege in den großen rheinischen Städten, über welche Nachrichten vermitgetheilt sind, abgesehen.

Es drängen sich aber von selbst dem aufmerksamen Leser eine Reihe von Fragen auf. Einige letzterer mögen zum Schlusse angedeutet werden. Woher kommt es, daß Straßburg eine Armenziffer hat, die solche in Fabrikstädten wie Elberfeld und Crefeld weit überragt? Sind in der That alle Unterstützte unterstützungsbedürftig? Reicht die Organisation der Armen-Verwaltung heute noch aus, nachdem die Bevölkerung sich um das doppelte vermehrt

hat? Wo und inwieweit ist eventl. hier die bessernde Hand anzu=
legen? Wie sind ausreichende Mittel für die Befriedigung der
Bedürfnisse der Armenpflege zu schaffen? In welchem Umfange
und welcher Richtung hat die bemittelte Stadtgemeinde hier ein=
zutreten?

Bei der gegenwärtigen Sachlage würde es einer Pflichtver=
säumniß sowohl der Armenbehörden, wie der Väter der Stadt, der
Bürgerschaft und der Presse gleichkommen, wenn dieselben nicht
gemeinsam und rasch nach einer befriedigenden Lösung suchten.

Straßburg, im Sommer 1887.

CIVIS.

Straßburg, Druck von G. Fischbach. — 5595.

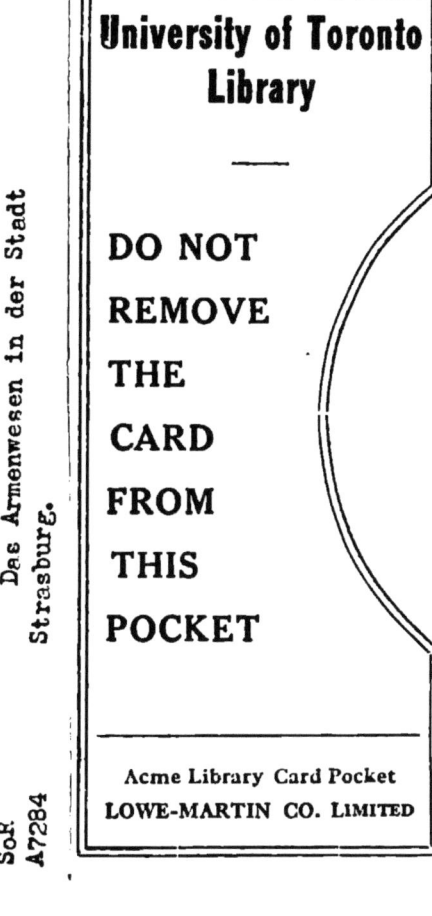

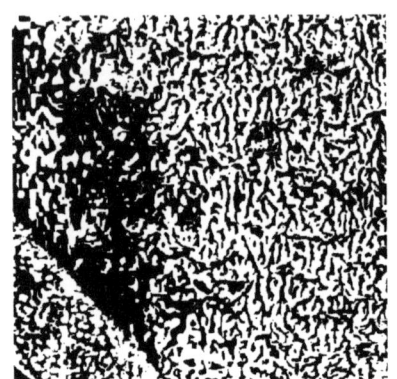